海外ルーツの子ども支援

言葉・文化・制度を超えて共生へ

Tanaka Iki
田中宝紀

青弓社

海外ルーツの子ども支援——言葉・文化・制度を超えて共生へ

目次

第3章 「受け入れ体制の整備」から「共生社会の基盤づくり」へ

第4章　海外ルーツの子どもの課題解決に求められる多面的支援とは

第5章　多様な人々がともに生きる社会へ

本文写真――森 佑一
コラム写真――鈴木雄介
装丁――Malpu Design［清水良洋］

はじめに――ともに生きる未来へ：海外ルーツの子ども支援の現場から

二〇二〇年春の新型コロナウイルス感染拡大防止を目的とした一斉休校やイベントなどの自粛要請は、日本人だけでなく地域で生活する外国人や海外ルーツの子どもたちに多大な影響を及ぼしました。学校を中心におこなっていた日本語支援は一斉休校に伴って休止を余儀なくされたほか、地域ボランティアによる日本語教室は公的施設の休館のために活動場所を失うなど、支援ができない団体が増えました。当時、全国で海外ルーツの子どもを支えていた支援者からは、「せっかく積み重ねてきた日本語力が、支援の休止によってゼロに戻ってしまう」「安心できる居場所が失われてしまった」といった悲痛な声が聞かれました。

二〇一八年の時点で、日本の公立学校に通う外国籍の児童・生徒は九万三千百三十三人。日本語がわからない子どもは、日本国籍の子どもを含めて約五万一千人にのぼっています。これら日本語指導が必要な子どものうち、約五分の四が学校内の日本語学級や日本語支援員などによるサポートを受けていますが、残る一万一千人は何の支援もない、無支援状態です。

こうした無支援状態の子どもたちや、自治体による支援制度の対象にならない子どもたちなどは、主に地域ボランティアが運営する日本語教室などでサポートを受けてきました。支援者らは日本語を教えるだけでなく、外国人保護者に学校のおたよりをわかりやすく説明したり、困りごとの相談に乗ったりするなど、外国人と地域・情報とをつなぐ仲介役を担っています。

コロナ禍でその活動が休止を余儀なくされるなか、平時から情報弱者になりやすい外国人・海外ルーツの子どもたちの支援に空白が生まれ、一年以上経過した現在でも、完全にはもとに戻っていません。

海外ルーツの子どもたちのなかには、家庭では母語だけで過ごすという子も多く、特に来日して日が浅い場合は日本語に触れる時間が短くなったり、適切な支援へのアクセスが途絶えることで日本語を忘れてしまったりする子どももいます。子どもたちは、外国籍であれば義務教育の対象外であることや、支援体制の整備の遅れなどから教育機会へのアクセスが、平時から限定的になりやすい存在です。コロナ禍による様々な影響は、子どもたちから教育機会を容易に奪ってしまう。そんなリスクが一気に高まりを見せた当時、スムーズな学校生活参加や進学をめざして支援を続けてきた日本語学習支援者らにとって、目の前の子どもたちに手を伸ばせない歯がゆさは、言い表せないほど大きなものでした。

一方、日本社会全体では、一斉休校要請を受けて学校に通うことができなくなった子どもたちのためにとＮＰＯ（民間非営利団体）や企業などが多数のオンライン教育機会を無償で提供してきました。外出がままならない子どもたちやその親たちにとって、自宅でも学べる機会が増えることは心強いものです。また、教育機会だけでなく、地域のレストランなどが「子ども弁当」をはじめとする生活上のサポートも次々に提供して、みんなでこの事態を乗り切ろうという温かな思いを感じられる支援が増えました。

しかし、海外ルーツの子どもや外国人家庭にとって、こうした支援を活用することは容易ではありませんでした。なぜなら、当時、ほとんどの支援情報は日本語だけで発信されていて、日本語ネイティブの子どもや十分な日本語力、加えてこうした情報をキャッチするだけの情報リテラシーをもつ家庭以外には届きづらいものだったからです。親も子も、日本語の読み書きが得意でなければ、「支援が存在する」ことにも気づくことができません。

日本で暮らす外国籍住民は、約三百万人にのぼります。日本語ネイティブにとっても、一斉休校、緊急事態宣言と大小様々なレベルの情報が矢継ぎ早に更新され、それらによって行動が制約されるほどの事態は、精神的にも疲弊しやすい状況です。日本語がわからない外国人や海外ルーツの人々にとってはなお一層、この状況が不安と困難をもたらしていることは容易に想像がつきます。

情報弱者になりやすいマイノリティーを無視した対策は、当事者を一層追い詰めるだけでなく、地域全体にその影響を及ぼしうるものです。現在のような非常時にこそ、地域の多様性から目をそらすことなく、ともにこの事態を乗り越えられるよう、地域全体で知恵を出し合い、必要な配慮や対策を講じていくことが大切です。

二〇二一年初夏。日本社会はいまだに新型コロナウイルスの感染拡大を抑え込めずにいます。長期間にわたる外出の自粛や休業要請のために社会が日に日に疲弊していくなか、その影響は外国人保護者や海外ルーツの人々にも容赦なく広がり、状況は悪化していく一方です。

筆者が二〇一〇年度から運営している海外ルーツの子ども・若者のための教育支援事業YSCグローバル・スクールでは外国人保護者や受講者から月謝を受け取って月々の運営費の一部としていますが、年間百二十人の子ども・若者を受け入れるなかで、例年約三〇%は月謝の支払いが難しい、経済的に苦しい状況にある家庭の子どもたちです。こうした家庭に対しては、一般の人たちや企業などからの寄付金を原資とした内部奨学金制度を設けて対応しています。毎年、奨学金制度を利用する家庭は約三十世帯ほどでしたが、コロナ禍の影響を受けて、二〇年度には約六十世帯まで急増しました。また、奨学金制度を利用する家庭のうち、月謝の全額を無償にしなければ受講ができない家庭が全体の六三％にのぼり、平時の二・二五倍になりました。外国人保護者のなかには、子どもの進学・進級に必要な教材費や交通費、制服代の工面が困難になって知人から借金を重ねるケースも少なくありません。また、全国の外国人学校に自費で子どもを通わせていた家庭では、月謝の支払いが困難になって学校を退学したあと、公立学校への転入ができずに子どもが不就学になっているケースも報告されていて、支援者らによる懸命のサポートが続いています。

本書は、二〇一六年五月に筆者が「Yahoo! ニュース」個人オーサーとして登録されて以来、海外ルーツの子どもたちや外国人保護者の現状と課題を伝えようと書き溜めてきた数々の記事を中心に取りまとめたものです。当時のデータを現時点で入手できる最新のものに可能なかぎりアップデートしたり、必要な箇所には加筆・修正を加えています。また、「Yahoo! ニュース」個人ページに掲載したもの以外にも、様々な媒体に寄稿した原稿のなかから大切なテーマを扱っているものをいくつか本書に加えました。

二〇一〇年四月から、日本国内に暮らす海外ルーツの子どもたちの学びを守りたいと、たくさんの方々のご支援とご協力を得て、これまでに千人を超える子どもたちをサポートすることができました。心からの感謝を申し上げます。また、ＹＳＣグローバル・スクールの現場で、日々、日本語がわからないために不安な状況にある家庭や子どもたちなど、多様なニーズを抱えてやってくる一人ひとりと根気強く丁寧に向き合い続けている仲間たちにあらためて敬意を表します。

そして、現場や事業運営に忙殺されて本書の原稿執筆に取りかかることができなかった筆者を見放すことなく激励してくださった青弓社の矢野恵二さんにお礼をお伝えします。本当にありがとうございました。

最後に、海外ルーツの子どもたちを支える筆者の毎日が安定したものでありつづけているのは、家族の支えがあるからにほかなりません。家族に支えられながら海外ルーツの子どもたちの支援現場を運営する筆者がこの十年間を通して目の当たりにしてきたこと、感じてきたことが、本書を手に取ってくださった読者のみなさんの気づきと発見につながれば幸いです。

第1章　海外ルーツの子どもを取り巻く環境

本章では、海外ルーツの子どもとは誰か、彼らを取り巻く現状や課題について、①「呼び方問題」といわれる子どもたちの存在の不安定さそのものを表す課題について紹介したあと、②海外ルーツの子どもたちが直面する課題として最も大きなものの一つである日本語教育体制の現状について述べます。また、③日本語の壁だけにとどまらない制度面での困難など、子どもたちが直面する様々な現状と課題の全体像を紹介することで、いま子どもたちがどんな状況に置かれているのかについて知る手がかりになればと思います。

1 共生社会に近づくために——あらためて考える「海外ルーツの子ども」という呼び方

「「海外ルーツの子ども」という言葉を聞いたことがありますか？」。こう問いかけると、「はじめて聞いた」「知らなかった」という人が少なくありません。おそらく「ハーフ」や外国人の子どものことかも、という何となくイメージをつかめる人もいるかもしれませんが、一般には認知度が低い専門用語です。

明確な定義がなされていないこの用語を筆者が使用するとき、それは、①外国籍である、②日本国籍（または二重国籍）だが、保護者のどちらかが外国出身者である、③国籍はないが、保護者の両方またはどちらかが外国出身者である、④海外生まれ・海外育ちなどで日本語が第一言語ではない、といった範囲を含み、主に子どもや若者年齢について表すことが大半を占めています。外国人や海外ルーツの子ど

体育館でクラスメートとスポーツで汗を流す子どもたち

も・若者など、多文化共生に関わりがある支援者や関係者の間では、前述の定義はおおむね共有されています。

特に日本人と外国人の親をもつ子どもたちについて、「ハーフ」と呼ぶか「ダブル」と呼ぶかの議論があることは聞いたことがあるかもしれません。「ハーフ」では文字どおり半分というネガティブな意味合いが含まれると捉えることもできるため、どちらも、という意味で「ダブル」を好んで使う当事者や支援者もいます。「Mixed Roots（ミックスルーツ）」や、コミュニティー名に「Gaijin」をつけているグループもみられます。

筆者の周辺の子どもたちに限っていえば、「うちらハーフだし」「親がガイ（コク）ジンだからさ」というような会話はよく飛び交っていて、これらの表現は自虐的に使用されることもあれば、肯定的に使われることもあり、こうした言葉について白黒をつけていない（それぞれの言葉の正確な意味を知らない）状況の子どもが多い印象です。

一方で、「うちら〝海外ルーツの子ども〟だし」「親が〝日本語を母語としない〟人だから」というような言い回しは、当事者である子どもたちの口から発せられることはなく、外国人保護者からもこうした言葉が出てくることはあまり多くありません（「海外ルーツの」という言葉にも、ネガティブな印象になるので避けるべきという意見もあります）。

「海外ルーツの子ども……」に並ぶ一連の表現は、支援者や研究者、行政やその他関係者が、当事者を何らかの（支援や研究の）対象と捉えるときに使用する専門用語であることがうかがえます。

〝事実上の移民〟

法務省の統計によると、二〇一九年十二月末の時点で、日本国内で生活する在留外国人（中・長期在留者数と特別永住者数を合わせた外国籍の人たちの数）は二百九十万人を超えました。新型コロナウイルスの影響による入国制限で二〇年から二一年の在留外国人数は減少に転じる可能性が高いですが、おおむね増加の傾向にあり、入国制限が解除されればあらためて増加していくことになるでしょう。

読者のみなさんの日常でも、外国人や海外ルーツの人たちが増えている実態を肌で感じることも多くなってきたのではないでしょうか。

「海外ルーツの」や類似表現も含め、あいまいな呼び方が支援者によって数多く作り出されるほどに、日本社会のなかには明言を避ける空気が存在してはいるものの、こうした人々は国際的な定義と照らし合わせても、事実上の移民や移民の子どもにほかなりません。

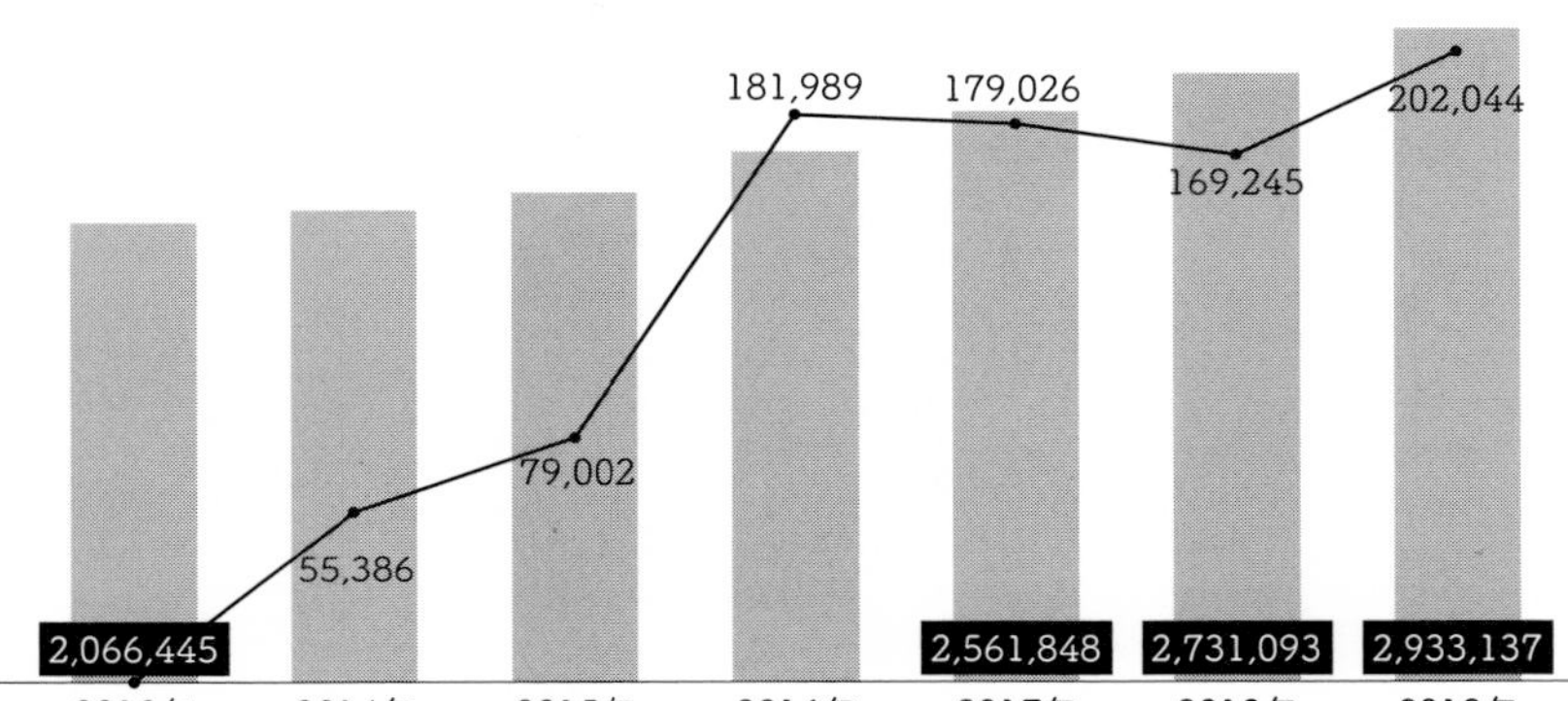

図1　在留外国人数の推移と前年度比増加数（人）
（出典：出入国在留管理庁『在留外国人統計（旧登録外国人統計）』内、各年12月末「国籍・地域別　在留資格（在留目的）別　在留外国人から筆者作成（http://www.moj.go.jp/isa/policies/statistics/toukei_ichiran_touroku.html［2021年4月10日アクセス］）

国連経済社会局によると、「移民」とは、「（国際移民の正式な法的定義はないが）移住の理由や法的地位に関係なく、定住国を変更した人々を国際移民とみなすことに多くの専門家が同意。三カ月から十二カ月間の移動を短期的または一時的移住、一年以上にわたる居住国の変更を長期的または恒久移住と呼んで区別するのが一般的」としています。[1] この定義を日本国内で暮らす在留外国人の人々に当てはめたとき、法務省による在留外国人統計によると二〇一九年十二月末時点で、三カ月以上の在留資格を有する中長期在留者と特別永住者は二百九十三万三千百三十七人、総人口の約二％にのぼります。外国籍住民の割合が全国よりも高い自治体は四百四十地域を超えていて、新型コロナウイルスによる影響が終息すれば一層増加していくものとみられます。[2]

三菱ＵＦＪリサーチ＆コンサルティング研究員・加藤真によると、外国籍、日本国籍に帰化した人たち、日本国籍者を含む海外ルーツの子どもなどを合わせた「外国

国、ルーツを超えて仲良く過ごす子どもたち

に由来する人口」は、二〇一五年の時点ですでに三百三十二万人以上（総人口比二・六％）、四〇年には七百二十六万人を超え、総人口比六・五％になると推定されています。さらにそこから二十五年後の六五年には、外国に由来する人口は千七十五万人以上になって総人口の一二％を占めると推計されています。一般的に、「移民受け入れ国」と呼ばれている国々の移民人口比率は一〇％から三〇％程度なので、実態でも数値上でも日本が「移民受け入れ国」として世界的に認識される日も近い、といえそうです。(3)

現在、かつて「海外ルーツの子ども」であった若者たちが、日本国内で家庭を築き、次世代を育み始めています。第一世代である外国人保護者世代の高齢化とその対応が議論の対象になるような時代に入り始めてもいます。同じ社会にともに生きている人々の多様化は進み、時間は流れ続けています。

現在進行形で世代継承がなされ、二世、三世（ルーツによっては四世、五世）が成長しつつあるいま、あらためてこうした多様な背景をもつ人々が存在する日本社会の実態を踏まえ、その呼び方（存在）を当事者とともに議論し可視化していくことが、共生社会への重要な一歩になるのではないでしょうか。

2　不十分な受け入れ体制——自治体間格差と担い手不足

「外国人受け入れ」や「海外ルーツの子どもの教育」について関係者が議論するとき必ず話題にのぼるのが、受け入れ体制と支援体制の自治体間（地域間）格差についてです。外国人が多く暮らしている自治体では、学校内での日本語学級の設置や、生活者が日本語や日本での生活について学べる機会の充実、行政サービスの多言語翻訳や通訳サポートなど、一定の人材と予算を確保して様々な体制を整備しています。一方で、外国人住民がゼロではないけれど一％前後にとどまるような自治体の場合、行政単独で受け入れ体制整備のための予算や人材を確保することが困難なために、必要な支援が草の根のボランティア頼みになっているか、まったく支援がない状況になっています。前者の外国人が多く暮らす自治体を「外国人集住地域」、後者の自治体を「外国人散在地域」と呼んでいます。

例えば外国人集住地域の自治体内にある学校では、職員室に外国語がわかるコーディネーターが常駐していて、児童・生徒だけでなく外国人保護者と母語でコミュニケーションをとりながら、子育ての悩みに寄り添ったり、保護者と担任の先生との橋渡しをしたりなど、支援の中心的な役割を担っています。また、自治体内の特定の学校を指定校として、学区外から日本語がわからない子どもたちを集め、来日直後の数カ月間を集中的に日本語学習に取り組める環境を用意しているケースもあります。このような自治体では、一つの学校の全校生徒のうち半数以上が海外にルーツをもち、学校に行けば同じ母語を話す友人とも出会え、困ったときには助け合えるような環境が整っています。

ところが、外国人散在地域の場合、学校に在籍する日本語がわからない子どもが一人または二人だけ、というような状況です。年度によってはゼロになることもあるなかで、恒常的に日本語教育を担う人材を確保することは、現実的に不可能な状況になっています。このため、海外ルーツの子どもたちにとっては、どの自治体の、どの学校で学ぶかによって受けられる支援がゼロになるか百になるかの分かれ目になってしまっています。

では、なぜこのような格差が生まれ、現在に至るまで解消されていないのでしょうか。その発端ともいえる出来事が、一九八九年に改正されて翌年九〇年に施行された改正入管法（出入国管理及び難民認定法）にあるといわれています。この改正入管法では、日本にルーツをもつ日系ブラジル人などの二世・三世が「定住者」という在留資格によって就労制限なく来日することができるようになりました。当時、日本経済の成長の一方でいわゆる３Ｋ（きつい、汚い、危険）の仕事を中心に人手が不足していたため、それを補うことを目的にした法改正です。

これに伴い、多数の日系人が家族とともに来日しました。彼らは、専門の派遣会社によって用意された住居がある地域に集まって暮らしながら、自動車産業などの製造業の現場に送り込まれていったのです。その過程で形成された「外国人集住地域」。そこで暮らす日系人の子どもたちは、地域に設立され

休み時間にクラスメートと遊んで過ごす子どもたち

た民間のブラジル人学校などに月数万円の学費を支払って通学するなどしていました。このとき日本にやってきた人々のなかには、「日本で一時的に仕事をする」ことを目的としたいわゆる「出稼ぎ」も少なくなく、日本政府も暗黙のうちに「いつか帰るだろう」という前提に立っていたとみられます。このため、日系人の受け入れ、特に基本的な対応についての方針を定めることもなく、生活拠点である自治体に、ある意味で「丸投げ」をした状態になりました。

特に、外国人住民や子どもに対する日本語教育などは自治体がどの程度その必要性を認識しているか、本格的に取り組もうとする「やる気」があるかによって、施策の有無や内容、規模、質などが大きく異なり、たとえ外国人集住地域でもボランティアの善意に頼りきりで行政はネットワーキングの旗振り役をするだけ、ということも少なくありません。

そんな状況が三十年間続いた結果、日本語教育に

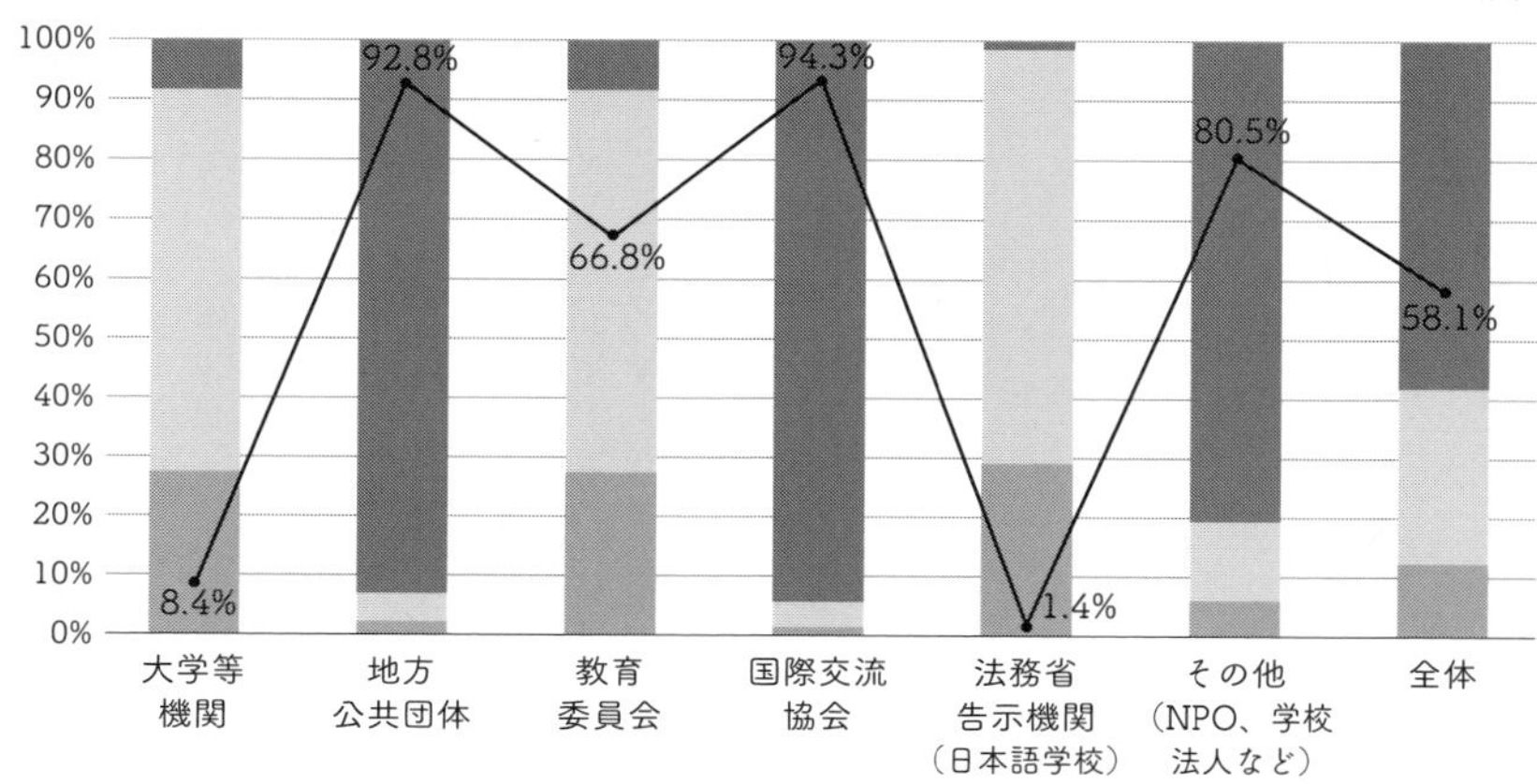

図2　日本語教育実施機関ごとの日本語教師の雇用状況
（出典：前掲「国内の日本語教育の概要（平成28年度）」をもとに筆者作成）

携わる人の約六〇%を無償のボランティアが占めるといった事態を引き起こしました。[4] 残る四〇%の有給日本語教師も、給与や待遇の悪さから「食べていけない職業」として若い人が参入せず、生活に余裕がある世代だけが残ったため、ボランティアを含めた日本語教育に携わる人たちの高齢化とそれに伴う先細り問題が浮上しています。先細りとは、端的に「日本語教育の担い手が減っていく」という状況です。外国人や海外ルーツの子どもたちが全国各地で増加していくなかで、最も必要とされる日本語教育の担い手が高齢化によって次々と現役を引退していき、地域唯一のボランティア日本語教室が閉鎖するなど、その影響は今後一層深刻化するのではないかとみられています。

特に、子どもの日本語教育は言語発達の重要な時期であるだけに、その子どもの学習や心身の発達に大きな影響を及ぼす場合があり、日本語教育の専門家による関与が欠かせない領域です。日本語教育にとどまらず、その成長に必要な生活スキルを教えたり、学校と家庭の間をとりもったりなど、多面的に活躍することも少なくありません。

学校で教える「国語」とはまた異なるアプローチを必要とする、外国語学習の一環である日本語教育ですが、それを担う日本語教師の安定した雇用はごく一部の自治体の教育委員会やＮＰＯなどに限られています。さらに、子どもの日本語教育に特化した人材の育成はまだ始まったばかりで、場合によっては数学を専門とする教員が手探りで日本語を教えるというような事態が常態化しています。

また、日本語ネイティブであれば日本語を教えられるといった正確ではない理解も根強く残り、日本語教師の専門性に対する認識が社会全体で欠如しているとさえいえる状況です。外国人の増加が見込まれる現在になってようやく課題として顕在化してきた「日本語教育の人材不足」ですが、日本語教育推進法（「日本語教育の推進に関する法律」）を足掛かりにどこまで状況を速やかに改善できるかが、今後の体制整備のカギを握ることになりそうです。

前述のとおり、文部科学省の調査によると全国の公立学校に在籍する日本語がわからない子どもは約五万一千人ですが、そのうちの一万一千人が、「日本語教育が必要」と判断されたにもかかわらず、学校では何の支援も受けていない状態にあります。

「毎日新聞」が二〇一九年の五月五日、この無支援状態にある子どもたちが多い自治体を分析し、公表しています。

毎日新聞は、この時に都道府県が文科省に提出した調査票を情報公開請求し、開示された資料を分析した。指導を受けられていない児童生徒の割合は、長崎県六一％▽鹿児島県四三％▽三重県三九

%——など。三十三都道府県で無支援状態が二割を超えた。(5)

二〇一九年六月に日本語教育推進法が誕生したことでいますぐに何かが劇的に変わることはありませんが少しずつ、政府、自治体、企業といった責任主体が取り組みを推進していくための仕組みや体制づくりをはじめています。専門性をもつ日本語教育人材の速やかな育成と同時に、仕組みに基づいた具体的な事業が学校や地域で着実に実行されなければ、この「無支援状態」にある一万人以上の日本語がわからない子どもたちの困難が終わることはありません。

外国籍の子ども、二万人以上が就学状態不明

海外にルーツをもつ子どもたちのうち、日本国籍をもつ子どもと外国籍の子どもとの間の大きな違いの一つが、日本の学校で受ける教育が「義務教育であるかどうか」です。筆者が思っていた以上に、外国籍の子どもが義務教育の対象外であることを知っている人は多くありません。意外と知られていませんが、子どもたちの教育を受ける権利の保障に大きく関わる重要な課題として注目を集め始めています。

文部科学省が二〇一九年九月に速報を公表した「外国人の子供の就学状況等調査結果」によると、義務教育年齢の外国籍の子どもたちのうち、不就学またはその可能性がある子どもが約二万人いることが明らかになりました。この二万人の子どもたちすべてが「不就学である」と判明したわけではなく、この調査を通じて「自治体が、学校に通っているかどうかさえ、把握できていない」子どもたちの数が二万人にのぼることがわかった、ということなのですが、それでもその事態の深刻さにメディアの関心も

「学校代わり」のスクールで朝から学ぶ子どもたちも少なくない

高く、多くの人が衝撃を受けました。

日本の憲法では第二十六条の第一項で教育を受ける権利を保障し、第二項で教育を受けさせる義務を規定しています。この範囲は「国民」、つまり日本国籍をもつ子どもに限られています。日本政府による外国籍の子どもの教育についての見解は以下のとおりです。

○公立の義務教育諸学校へ就学を希望する場合には、国際人権規約等も踏まえ、日本人児童生徒と同様に無償で受入れ。

○教科書の無償配付及び就学援助を含め、日本人と同一の教育を受ける機会を保障。(6)

義務教育の対象ではないけれど、希望があれば教育を受ける機会は提供するという恩恵的な扱いです。子どもが教育を受ける権利を踏まえてはいるものの、現場では、実際にそれが真に守られているかどうかまでは及ばず、その対応が不十分なために就学したくてもできない、というケースが相次いでいます。例えば、就学案内が日本語だけで書いてあるために外国人保護者が理解できず外国人は学校にいけないと思って就学しなかったケースや、日本語がわからないことで就学手続きをその場ですぐにしてもらえないケースなどが多発しているのが現状です。また、外国籍の子どもが不就学の状況にあることが判明しても、義務教育ではないからと自治体職員による直接の確認などがおこなわれずにそのままになってしまったケースなどもありました。不就学の子どもや就学状況を把握されていない子どもたちは、教育を受ける権利が十分に守られていないだけでなく、自治体や日本社会との接点が乏しくなり、万が一子どもの安全が脅かされている状況だったとしても誰にも気づいてもらえないリスクが高いことが大きな問題です。

この文部科学省による就学状況の調査では、非正規滞在の子どもや短期滞在の在留資格の子どもは対象になりませんでした。子どもの教育機会が十分に保障されること、学校を通して子ども自身が社会との接点をもち、心身の安全を周囲の大人が確認する機会があることは、国籍や在留資格にかかわらず重要です。外国籍の子どもたちの教育をめぐる諸課題を解決し、学ぶ権利を真に保障するためには義務教育の対象にすることが最も有効なのですが、そのためにはまだ多くの議論を重ねなくてはなりません。まずは、就学案内の多言語化や定期的な就学状況調査など、行政による不就学を防ぐ取り組みの強化が必要です。また、行政だけでは取りこぼしてしまう子どもたちが出てしまう可能性もあり、地域に暮らす人たちが「不就学の子どもがいるかもしれない」という意識ですべての子どもたちを見守っていくことで、「発見の目」を増やす取り組みも効果的です。私たち一人ひとりの力を合わせて、すべての子ど

電車で「移動」する遠足は子どもたちにとって大切な経験の一つ

もたちの学ぶ権利をしっかり保障していくことが求められています。

制度の壁――日本で生まれ育ったのに、日本にいられない

筆者が現場で出会う海外ルーツの子どもたちは年間百二十人以上で、そのうち約三〇％程度が日本国籍をもっています。残る七〇％の外国籍の子どもたちのなかには、日本で生活するために必要な在留資格が不安定な子どもたちも含まれています。日本人男性と再婚した外国籍の実母に呼び寄せられて来日した子どもが、在留資格延長の許可が下りず、家族で一緒に暮らしたいという願いや、日本で進学して活躍したいという将来への希望を諦め、涙ながらに一人帰国するというケースが相次いだ時期もあります。また、保護者が非正規滞在であり、在留資格がない状況で生まれ育ったり、難民として逃れてきたものの日本政府によって難民認定されず、「仮放免」という、いつ強制送還されるかわからない状況

下で暮らしている子どもとの出会いもゼロではありません。外国籍の子どもたちの目の前に在留資格という制度の壁が立ちはだかるとき、筆者のような教育を軸に子どもたちと関わりをもつ支援者が最も無力感を感じ、このような場合は弁護士や専門の支援団体の協力を仰ぐ以外に選択肢がありません。

二〇一六年、日本で生まれ育ったタイにルーツをもつ高校生ウォン・ウティナンさんが退去強制処分の取り消しを求めて起こした裁判が、メディアなどで多数取り上げられ話題になりました。筆者も当時、ウティナンさんを支援し続けてきた支援団体を通じて彼の置かれた現状を知り、少しでも後押しになればと原稿をまとめて「Yahoo! ニュース」に掲載しました。一七年一月十九日のその記事には、ウティナンさんの当時の状況を以下のように記しています。

3 在留許可が出ない理由を知りたかったけど
——日本出生のタイにルーツをもつ高校生、上告取り下げ

在留資格がない母親のもと、日本で生まれ育ったタイにルーツをもつ高校生ウォン・ウティナンさんが、国の退去強制処分の取り消しを求めていた訴訟で、二〇一七年一月十六日付で最高裁への上告を取り下げたことが、ウティナンさんを支えてきた支援者の報告によって明らかになりました。

支援者によると、「最高裁で却下される場合の判決文には、判決についての説明が詳しく書かれないこと」が上告取り下げの最大の理由で、今後は再審情願で在留の許可が出るよう、はたらきかけを続けることになったということです。

タイ人の母親はブローカーの仲介で、飲食店で働くために来日。来日後にはじめて勤め先がただの飲食店ではなくだまされたことを知りましたが、出国費用として多額の借金を背負っていたこともあり、在留資格が切れたあとも働き続ける以外の選択肢はありませんでした。

その後、二〇〇〇年にタイ人男性との間にウティナンさんが生まれましたが、男性とはその後離別。ウティナンさんを連れて各地を転々とし、隠れるように生活してきました。

ウティナンさんは小学校に通うこともできないまま育ちましたが、山梨県が二〇一一年におこなった外国籍の子どもの不就学調査によって発見され、公立の中学校に編入しています。七年間の教育の空白期間があったにもかかわらず、支援団体の支援を受けて学力を高め、高校進学も果たしました。

ウティナンさんは二〇一三年に入国管理局に在留特別許可を申請しましたが、一四年に入管が言い渡したのは退去強制処分。その取り消しを求めていた訴訟で、東京地方裁判所は一六年六月三十日に、ウティナンさん側の請求を棄却する判決を出しました。その後、一六年七月十四日、ウティナンさんは東京高等裁判所に控訴します。

母親は控訴せず、ウティナンさんが日本で暮らせるのなら、と一人帰国しました（地裁での判決文のなかに「母親が帰国し、ウティナンさんの監護養育をする人がいる場合は、在留許可が出る可能性もある」趣旨のことが書かれていたためです）。そして二〇一六年十二月六日、東京高裁は請求を棄却しました。裁判の当日、ウティナンさんを支え続けてきた山梨外国人人権ネットワーク・オアシスの斉藤裕美さんが、外国ルーツの子どもたちを支える関係者向けのメーリングリストに、こんな投稿を寄せています。

今日の裁判は、傍聴希望者が定員の四十二人を超え法廷に入れない人が出るほどでした。

（略）

傍聴の元同級生の姿もありましたが、翻って被告席には入管職員も代理人もおらず、そこだけ、ぽっかりとした空間となっていました。

（略）

判決言い渡しは一分もかからず終わりました。

（略）

地裁と同じように裁判官は着席するとすぐ棄却を告げ、風のように去っていきました。敗訴を申し渡されたウティナンさんは一人でトイレにこもり十分ほど出てきませんでした。

（略）

地裁に続き高裁でも日本にいることを許されなかったウティナンさんは、自分の存在を否定されたような気持ちだったのではないでしょうか。

（山梨外国人人権ネットワーク・オアシス斉藤裕美、外国ルーツの子ども支援関係者用メーリングリストの十二月六日の投稿から抜粋）

その後、支援者とウティナンさんを交えた話し合いの結果、ウティナンさんは最高裁への上告の決意を固めました。

裁判長が説明をしないで、すぐに法廷から出てしまったこと。色々な思いを持って臨んできたのに、あまりにも軽視されたと感じたようです。

（同メーリングリストの十二月十三日の投稿から抜粋）

それから一カ月後の二〇一七年一月十六日、ウティナンさんは支援者らと話し合って、彼自身の考えで上告の取り下げを決意して自ら弁護士に連絡しました。その経緯を、再び斉藤さんのメーリングリストへの投稿から抜粋して紹介します。

ウティナンさんが取り下げることを決めた理由はいくつかありますが、一番の理由は最高裁で却下される場合（敗訴）の判決文は短く判決についての説明が詳しく書かれないことです。もともと、ウティナンさんが上告の意志を固めたのは在留許可が出ない理由を知りたかったためです。最高裁に上告すれば、理由の説明があり疑問が解けると考えていました。けれども、上告をした後、改めて弁護士から受けた話によると最高裁の判決文は、いわゆるペラ一枚でしかも郵送されておしまい。詳しい説明はなにもなされないのだそうです。

（略）

「支える会（ウティナンさんを支える会）」の事務局会議の席で、ウティナンさんは「弁護士さんから（参考になればと過去の）判決文を見せてもらったが、詳しい説明は書いてくれないのを見たら気持ちが変わってきた」

と涙ぐみながら話しました。

（略）

逆に、最高裁で勝訴となる場合には、極めて長期間の審議がされる可能性が高く、ウティナンさんが二十歳を超えてしまうこともありうるとのことです。つまり、彼の青春期の重要な時期を裁判につぶされることになりかねないのです。

このような事がらについて深く悩み考えた末、ウティナンさんは上告を取り下げる決断をしました。

（同メーリングリスト、二〇一七年一月十八日の投稿から抜粋）

ウティナンさんが求めていること、求めてきたことは、このまま日本で暮らしていくこと、つまり在留許可が出ることですが、それ以上に「日本で生まれ育ち、日本以外の国に行ったことがない、一人の高校生」の身に起きた理不尽な出来事について、日本社会と日本社会の大人からの誠実な答えを得ることだったのではないでしょうか。

筆者が子どもたちを支える現場では、在留資格をもたない子どもとの出会いは限られていますが、ウティナンさんのように日本で生まれ育ち、自分のルーツがある国に行ったことがなく、その国の言葉も文化もほとんどわからない、という子どもは少なくありません。

「自分は外国人である」と考える子どもたちもいれば、「自分は見た目こそ違えど、日本人である」と考える子どもたちもいます。まだ自らのアイデンティティに悩んでいる子どもたちもいます。

しかし、こうした子どもたちの多くが、将来日本以外の国で暮らす、というイメージはもっていません。日本で高校に進学し、大学や専門学校などに行き、就職して、恋をして、結婚して、子どもを育てて、親孝行をして……そんな将来像を描いています。

少子・高齢化が進む日本社会にとって、海外からやってくる若い力は必要不可欠であるのが現実です。彼らは「外国人労働者」ではなく一人の人間であり、若者です。日本で生活し、恋をして、子どもを産み育てることがあっても何ら不自然ではなく、当たり前に有する権利にほかなりません。同様にその子どもたちも、日本を「ホーム」として、日本社会のなかで当たり前の日々を過ごしています。

日本社会がいまだに「労働力ではない移民受け入れ」という根幹的な課題と向き合うことができないなかで、ウティナンさんをはじめとする海外ルーツの子どもたちがそのしわ寄せを受けている現状を数多く目の当たりにして、強い危機感をもちつづけています。日本社会のなかの多様性の高まりとその必要性から目をそらすことなく、私たち一人ひとりが議論を重ね、日本としてどのような「外国人受け入れ」制度を作るべきかを考えるときにきているのではないでしょうか。

自治体丸投げ、変わる？三十年来の課題に変化の兆し

二〇一八年十二月に開催された臨時国会で「出入国管理及び難民認定法及び法務省設置法の一部を改正する法律」が成立し、翌一九年四月一日に施行されました。また、同時に、「外国人材を適正に受け入れ、共生社会の実現を図ることにより、日本人と外国人が安心して安全に暮らせる社会の実現に寄与する」ことを目的とした「外国人材の受入れ・共生のための総合的対応策」[7]が策定されました。

日本の学校になじめない子どもにとってYSCグローバル・スクールは大切な居場所

この総合的な対応策に基づいて、日本政府は外国人受け入れ体制整備のための施策を次々と新設したり予算を拡充したりするなど、その充実に向けて取り組みを始めています。

この総合的対応策の柱の一つが「生活者としての外国人に対する支援」であり、行政・生活情報の多言語化・やさしい日本語化や生活サービス環境の改善、日本語教育の充実、そして外国人の子どもに関わる対策などが盛り込まれています。

現在、海外にルーツをもつ子どもの教育に関わる施策は拡充されつつあり、自治体や学校が日本語指導体制や受け入れ体制の整備に取り組みやすくなってきています。また、この流れを受けて、これまで体制整備に前向きではなかった小規模自治体の間でも「これは取り組まなくてはならないことだ」といった認識が少しずつ生まれ始め、三十年間もほぼ膠着状態だった状況に変化が起きつつあります。

一方で、海外にルーツをもつ子どもや外国人保護者らが直面する課題は多岐にわたるうえ、公的な支援を全国各地の自治体が十分に取り組むまでにはまだ長い時間を要する見込みです。しかし、当然ながら子どもたちの時間をそのときまで止めることは不可能です。特に日本語を母語としない子どもたちにとって、適切なタイミングで必要な支援を受けられないことが心身の健康な発達に影響を及ぼす場合があり、深刻です。公的なサポートが充実していくこ

YSC グローバル・スクール入り口。年間200日以上、子どもたちのために門戸を開いている

YSC グローバル・スクールの教室。これまでに1,000人以上の子どもたちが学び巣立っていった

とは喜ばしいことですが、現状は、まだまだボランティアやNPOなどによる草の根の活動でその手を差し伸べ続けていかなくてはなりません。

以前、海外ルーツの子どもたちの現状や課題について日系三世の友人と話をした際に、彼女は「私が子どものときと、いまの海外ルーツの子どもが置かれている状況はまったく変わっていない」と憤っていました。約三十年前に子どもだった彼女にとって、いまの子どもたちが当時の苦しさにそのまま直面している事態が許せない、と。これからの子どもたちには一日でも早く、三十年前とは違う環境を提供していきたいと強く願っています。

注

(1) 国際連合広報センター「難民と移民の定義」二〇一六年十二月十三日 (https://www.unic.or.jp/news_press/features_backgrounders/22174/)［二〇二一年四月十七日アクセス］

(2) 総務省「市区町村別人口、人口動態及び世帯数」「住民基本台帳に基づく人口、人口動態及び世帯数」二〇一九年 (https://www.soumu.go.jp/main_sosiki/jichi_gyousei/daityo/jinkou_jinkoudoutai-setaisu.html)［二〇二一年四月十七日アクセス］

(3) 加藤真「日本における外国人に関する実態と将来像——「これまで」と「これから」の整理」「Synodos」(https://synodos.jp/society/20359/2)［二〇二一年四月十七日アクセス］

(4) 文化庁文化部国語課「平成28年度 国内の日本語教育の概要」(https://www.bunka.go.jp/tokei_hakusho_shuppan/tokeichosa/nihongokyoiku_jittai/h28/pdf/h28_zenbun.pdf)［二〇二〇年四月十日アクセス］

(5)「にほんでいきる——外国籍児童・生徒一万人超が日本語「無支援」」「毎日新聞」二〇一九年五月五日付

（6）文部科学省「外国人の子どもの公立義務教育諸学校への受入について」（https://www.mext.go.jp/b_menu/shingi/chousa/shotou/042/houkoku/08070301/009/005.htm）［二〇二〇年四月十日アクセス］

（7）首相官邸「外国人材の受入れ・共生のための総合的対応策」（平成三十年十二月二十五日外国人材の受入れ・共生に関する関係閣僚会議決定）（https://www.kantei.go.jp/jp/singi/gaikokujinzai/kaigi/pdf/taiousaku_honbun.pdf）［二〇二一年四月十日アクセス］）

第2章　海外ルーツの子どもへの日本語教育の必要性と課題

本章では、海外ルーツの子どもたちにとって最も大きく重要な壁となっている「日本語教育」について、より詳しく実態をみていきます。ここ数年、海外ルーツの子どもの存在が可視化され始めて、大手メディアなどでもたびたび取り上げられていることから、「海外ルーツの子どもは日本語がわからず学校で大変だ」ということを知っている人が増えてきたように感じます。

日本社会のなかで日本語を十分に学ぶことができない環境が子どもたちの成長や生活にとって具体的にどのような問題を引き起こしているのか、いま国はどのように体制を整備しようとしているのか、私たち一人ひとりにできることは何か、など、海外ルーツの子どもの日本語教育問題を多面的にとらえるために様々な角度から掘り下げていきます。

1　日本語指導を必要とする子どもたちはいま

学校で何の支援もない「無支援状態」の子どもが一万一千人

文部科学省が毎年実施している「日本語指導が必要な児童生徒の受入れ状況等に関する調査（平成三十年度）」によると、国内の公立学校（小学校、中学校、中等教育学校、高校、特別支援学校）には「日本語指導を必要とする児童生徒」が二〇一八年の時点で五万千百二十六人在籍していることがわかっています。うち、外国籍の子どもたちは四万七百五十五人、残る一万三百七十一人は日本国籍をもつ日本語がわからない子どもたちで、その数は十年前の約一・五倍にのぼっています。また、同調査の結果から、

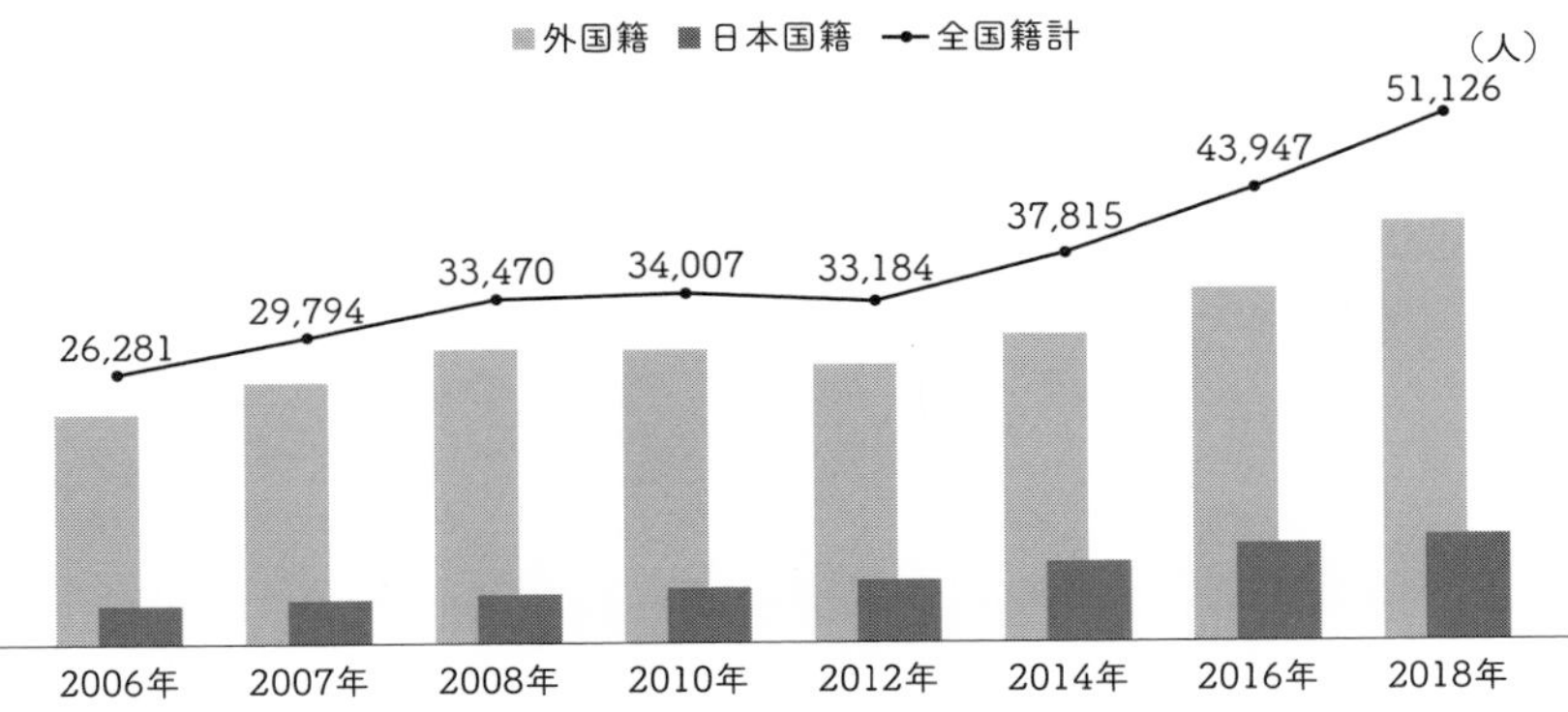

図3　日本語指導が必要な児童・生徒数の推移
（出典：文部科学省「日本語指導が必要な児童生徒の受入状況等に関する調査」各年データから筆者作成〔https://www.e-stat.go.jp/stat-search/files?page=1&toukei=00400305&tstat=000001016761〕［2021年4月10日アクセス］）

「日本語指導が必要であるにもかかわらず、学校で何の支援も受けていない子ども」が、全体の二〇％にあたる一万九百八十九人いることも明らかになっています。

メディアでよく取り上げられるような「ある学校の半数以上が外国籍または海外ルーツの児童」という学校では、日本語学級を設置したり、支援員が国語などの授業の時間を使って別教室で日本語を教える「取り出し」と呼ばれる支援をおこなったりしています。神奈川県横浜市では、二〇一七年に市内の日本語指導が必要な児童・生徒（同年時点で二千八十人）に対して集中的に日本語の初期指導などをおこなうための日本語支援拠点施設ひまわりを開設し、手厚い支援体制を整備したことが話題になりました。

しかし、横浜市のような「外国人集住地域」（外国人が多く暮らしている地域）の学校で学んでいる子どもたちは、全体の四分の一程度にすぎません。日本語指導が必要な子どもが在籍する学校の半数以上が「その学校に日本語がわからない子どもが一人または二人しかいない」、いわゆる「外国人散在地域」にあります。こうした地域では自治体単独で支援

中国、フィリピン、ペルーなど様々な国籍の生徒が一堂に学んでいる

のための予算や人材を確保することが難しく、適切な支援をおこないづらい状況です。結果、少なくない数の子どもたちが友達を作ることができずに孤立したり、学校の勉強についていけずに高校に入れなかったり、あるいは学校へ行くこと自体がいやになり不登校状態に陥るなど、多くの困難に直面しています。

「子どもだから大丈夫」の誤解とは

筆者が海外ルーツの子どもたちの現状について話すと、ときどき「子どもは聞くだけで日本語ができるようになるから、いいですね」と言われることがあります。子どもなので「学校で〝日本語のシャワー〟を浴びていればＯＫ」という理解は百パーセント正しいとはいえず、そのために必要な支援につながることができずに苦しむ子どもたちもいます。第二言語（母語でない言葉）を耳で聞くだけで自然に習得できるのはある一定の年齢までであり、その年齢を過ぎてからは文法学習などを含む体系的な語学教育機会が必要だといわれています。諸説ある仮説の一つですが、筆者がこれまでに支援現場で出会ってきた千人以上の海外ルーツの子どもたちの状況から得た実感と大きく変わることはありません。

特に、小学校低学年ごろまでに来日した子どもでは、学校生活などで日本語にふれる時間を多くもって、放課後などに補習程度のサポートを定期的におこなうことで、数カ月から一年のうちに日常会話の日本語力がネイティブ並みになる例も少なくありません。一方で、十代に入ってから来日した子どもたちにとっては、日本語の文法や語彙、表現などをある程度まとめて学習してから学校生活に入っていったほうが、のちのちの様々な面で前向きに過ごせる子どもたちが多いように感じています。

もちろん、その子がもともともっている性格や学習力、来日前に生活していた国での学習環境や家庭内での使用言語などによって、同じ年齢で同じ時期に来日し、同じように学校に通い始めた子どもでも、日本語習得のスピードや程度には差が生じます。「子ども」とひとくくりにせず、まずは年齢によってどのように日本語学習をサポートするかは異なる、ということ。さらに個人の特性などによって学び方、学ぶスピード、適切な学習スタイルに差があるということを知ってほしいと思っています。

来日一年以上のＡ君、わかる言葉はあいさつだけ

中学一年生で来日したＡ君は、転入先の中学校で「子どもだから大丈夫」と言われ、日本語学習サポートを受けることができませんでした。毎日学校に通って教室で座るだけの日々を過ごしたあと、一年半以上が経過したころに友人に紹介され筆者が運営するＹＳＣグローバル・スクールにやってきました。

そのときにA君が話すことができた日本語は「ありがとう」や「おはよう」などの簡単なあいさつだけ。ひらがなの読み書きもおぼつかない状況で、学校に行くことがつらいと訴えました。すぐにYSCグローバル・スクールで日本語教師とともに集中的に日本語を学んだA君。それから半年後には日本語で数学や英語といった教科の学習ができるまでに上達し、全日制高校への進学を果たしました。

高校に入学した直後、スクールに遊びにきたA君の「ここ〔YSCグローバル・スクール〕にこなければ、どうなっていたかわかりません。もっと早くここで勉強することができたらよかった」といった言葉を忘れることができません。

「子どもだから大丈夫〔不要だ〕」という周囲の大人の正確ではない理解のために一年半以上も苦しんだA君のように、日本語がわからないままに何のサポートも受けられず学校に通う子どもたちがいまも一万人以上もいる現実を、私たちは深刻に受け止める必要があります。

日本語がわからないことで子どもたちが失っているもの

海外にルーツをもつかどうかにかかわらず、子どもたちは毎日、新しいことを学んでいます。友人との関わりや学習のなかでそれまで知らなかったことを知り、感じ、習得しながら成長しています。日本語の力が十分でない子どもたちの場合、日本語がわからない時間が長ければ長いほど友達ができずに孤立してしまうだけでなく、日本語がわからない間は算数や理科、英語ほかの教科を学ぶことができないため、学習の空白が大きくなってしまいます。

一般的に、日本語の日常会話ができるようになるまでに必要な時間は約一年から二年といわれています。一方で、学校の勉強に必要な日本語力（学習言語、といいます）を身につけるまでにはさらに五年から七年もの長い時間を要するといわれていて、その間、十分に教科を学ぶことが難しい状況です。筆者とともに子どもたちをサポートしているスタッフが子どもたちの状況を「動いている的を追いかけ続けている状態」と表現していましたが、まさにそのとおりで、日本語が少しずつできるようになっても、クラスでの教科学習はその分どんどん先に進んでしまいます。ようやく日本語で会話ができるようになったころには教科の内容はほとんど理解できないという状況になってしまうために、学年相応の勉強についていけない子どもが少なくありません。

2　高校進学率七〇％という現実

日本人の百パーセント近くが高校へ進学する現代にあって、海外ルーツの子どもたちにとっての高校進学はまだ狭き門になっています。具体的な調査はおこなわれていませんが、全国の支援者や関係者らの意見を集約すると、高校進学率は七〇％程度にとどまるのではないかとみられています。自治体によっては充実した支援体制によって進学率九〇％を達成したことがニュースになった地域もありますが、全国的にはまだごく一部に限られているのが現状です。

日本学術会議が二〇二〇年八月十一日に公開した提言書「外国人の子どもの教育を受ける権利と就学の保障——公立高校の「入口」から「出口」まで」[1]には、外国籍生徒の進学率を日本の中学校と高校の

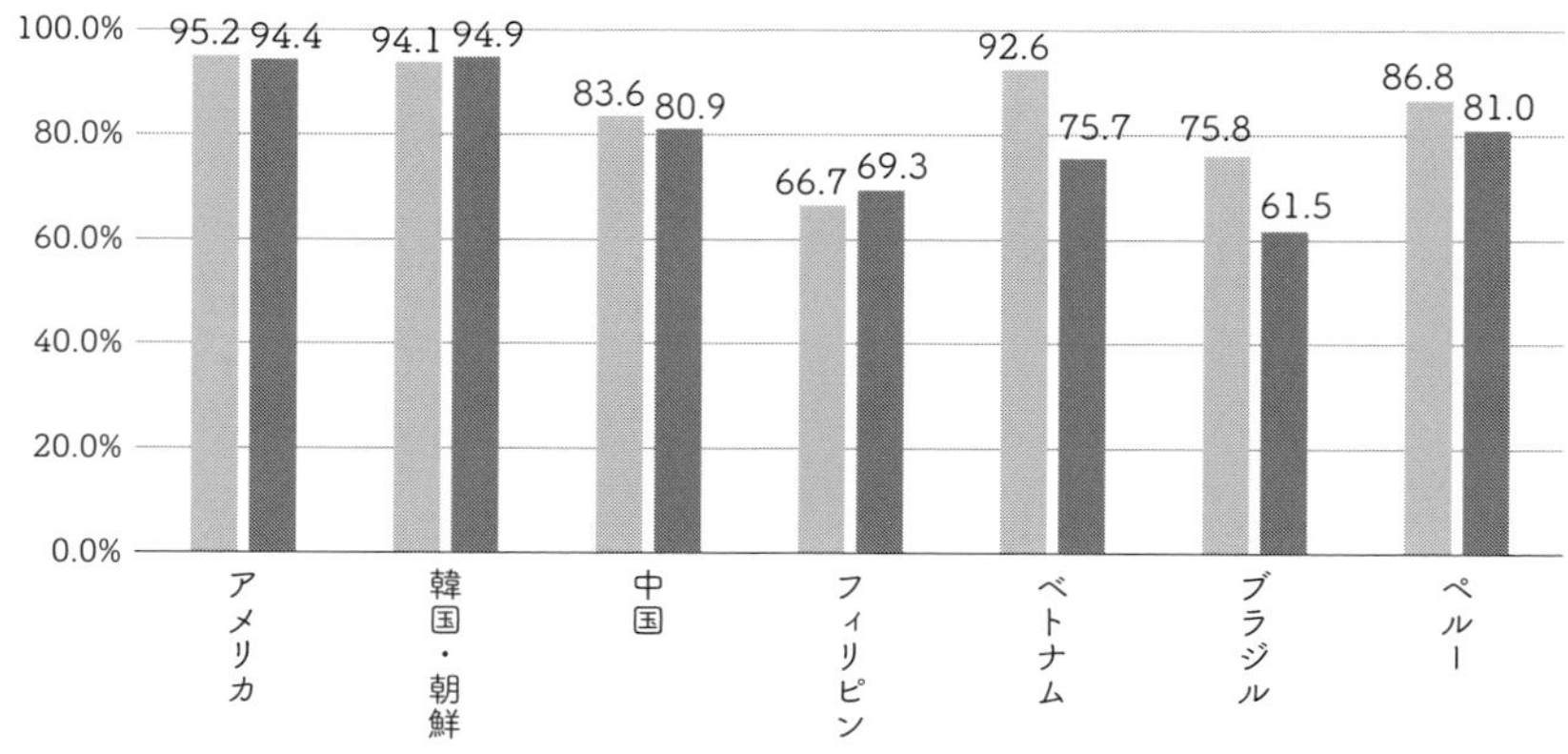

図4　国籍別の高校在学率
日本国籍をもつ日本語を母語としない子どもは含まれない数値であることに注意
（出典：「学校における外国人児童生徒等に対する教育支援に関する有識者会議 第4回 山野上麻衣氏提出資料」）

外国人在籍者数に基づいて推計した数値を掲載しています。それによると、日本の中学校在席の外国人（外国籍）の生徒数は一八年の時点で二万三千九百六十三人ですが、高校に在籍している外国人生徒数は一万五千二百十七人になっていて、中学校在席生徒数の六四％にとどまっています。この提言書はこれを「高校進学率（推定値）」としていますが、一〇年にはこの推定値は五三％だったものが一八年に六四％へと増加しているが「上昇しているとはいえ、日本全体の高校進学率に比べ、著しく低いと言わざるをえない」と厳しく言及しています。

外国人の子どもの高校進学には、独自の制度を設けて入学しやすい工夫をしている自治体が少なくありません。入学試験で外国籍であることや滞日〇年以内などの要件を満たした生徒に対して、試験時間の延長や試験問題へのルビ振り、辞書の持ち込みなどを一般の生徒と同じ試験の枠組みのなかで実施する「特別措置」、一般受験枠とは異なる別枠を設けて推薦入試のように作文と面接だけ、などの一般入試とは異なる形式で試験する「特別入学枠」があります。いずれも、日本語の力が十分ではない子どもたちにとって、進学の間口を広げるための重要な取り組みですが、その取り組みの有無や対象になる生徒の要件、どのような措置をおこなうか、どの程度特別入学枠を設けるかなどは自治体によって大きな差があるのが現状です。

こうした制度の格差を少しでも小さくしようと全国の支援者らが協力しあい、毎年自治体ごとの入試特別措置などの現状を調査しています。調査結果としてまとめた実態を政策提言などに活用して、高校進学率の低さを改善しようとする動きが少しずつ生まれ始めています。

一方で、筆者が現場で出会う海外ルーツの子どものなかには、高校受験に失敗して中学校を進路未決定で卒業せざるをえなかった子どもや、十五歳以上で来日して日本の高校に入りたいけれどその方法もわからず、入試に向けて学ぶ場もないという子どもが毎年多数サポートを求めてつながってきます。日本では「高校進学は当たり前」という状況のなかに高校に入りたくても入れない海外ルーツの子どもたちが多数いる現状を少しでも広め、一刻も早く改善しなくてはと考えています。

中退率九・六一％という衝撃

二〇一八年九月三十日、朝日新聞社が文部科学省に情報開示を求めて「日本語指導が必要な高校生」に関する最新のデータ（二〇一八年度版）をもとに、その衝撃的な実態を明らかにしました。日本語指導が必要な高校生の中途退学率は九・六一％にのぼり、そうでない（日本語指導が必要ない）一般生徒の中退率（一・二七％）に比べて約七倍もの高さであることがわかったのです。また、進学も就職もし

（*1）可知悠子『保育園に通えない子どもたち――「無園児」という闇』（ちくま新書）、筑摩書房、2020年、参照
（*2）文部科学省「「日本語指導が必要な児童生徒の受入状況等に関する調査（平成30年度）」の結果について」（〔https://www.mext.go.jp/content/1421569_002.pdf〕〔2021年4月10日アクセス〕）参照
（*3）「にほんでいきる――外国籍の不就学・不就労、日本籍の2倍超 言語教育足りず」「毎日新聞」2020年2月25日付、参照

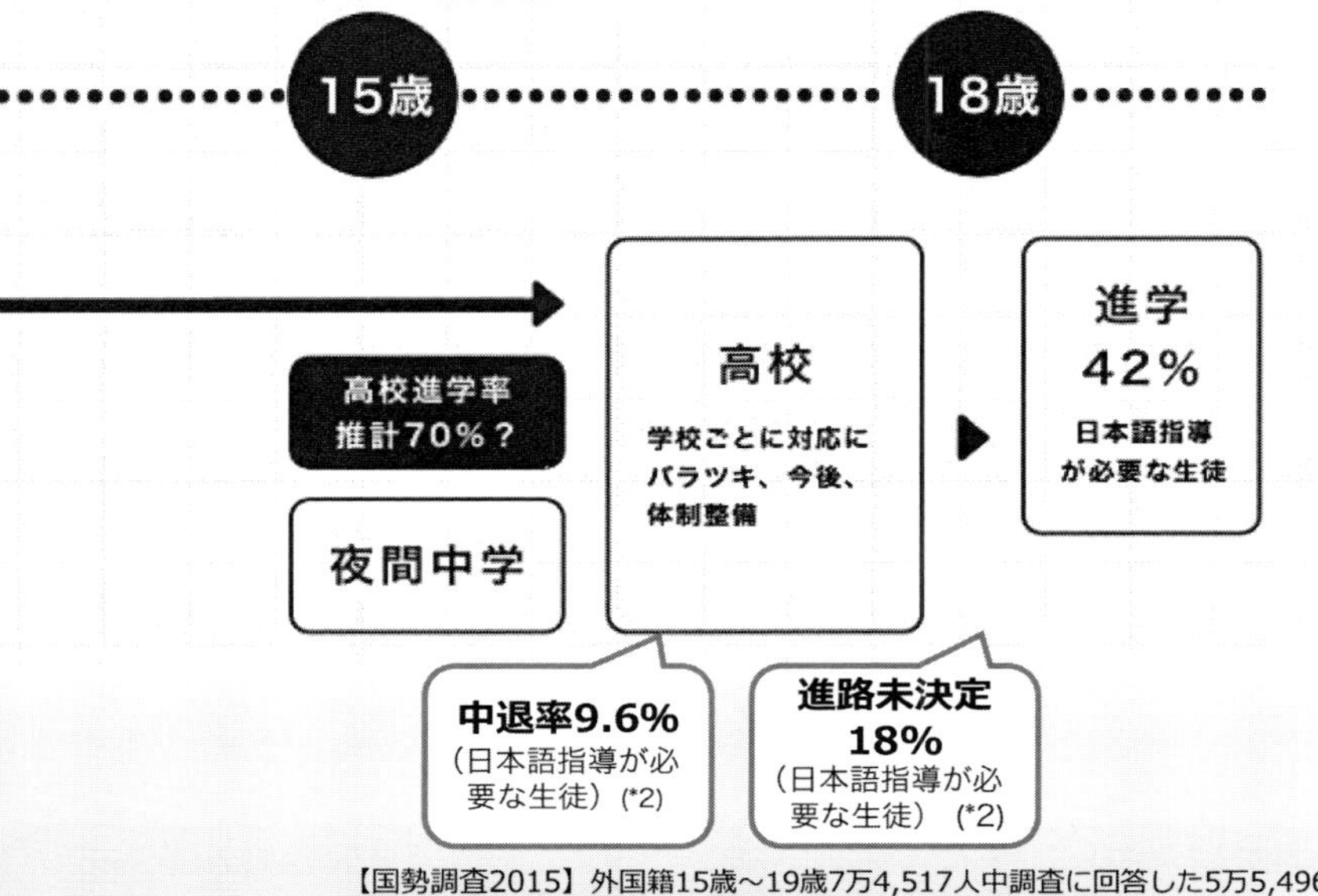

【国勢調査2015】外国籍15歳〜19歳7万4,517人中調査に回答した5万5,496人のうち
『学校に通わず・仕事もしていない』7.7%（日本国籍者の2倍以上）
『労働力状態不詳』25.5%（日本国籍者の4倍）(*3)

15歳以上の中退者、進路未決定者などへの支援が手薄
＊定住外国人の高校中退者や10代後半の若者に対する、ボランティアなどによる支援は（まだ）限定的
＊厚生労働省認定事業「地域若者サポートステーション」などをはじめとする、日本人を主な対象とした若年無業者に対する自立・就労支援や、学び直しのための学習・居場所支援へのアクセスが限られる。

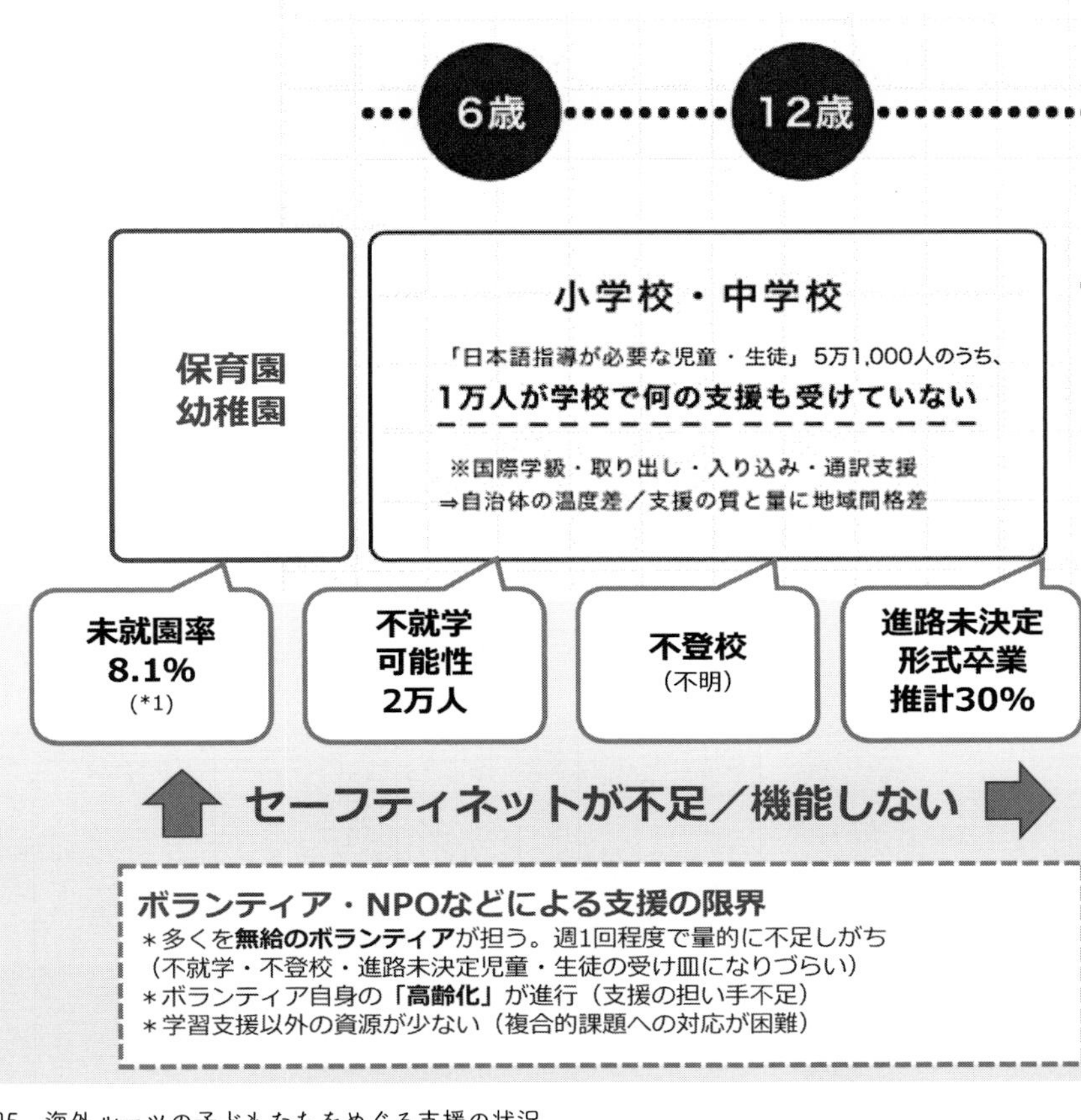

図5　海外ルーツの子どもたちをめぐる支援の状況

ない「進路未決定」で卒業する生徒の割合も高く、一般生徒に比べて三倍の差がありました。そのほか、大学などへの進学や非正規雇用の職に就く生徒の割合などでも、日本語指導が必要な高校生が困難を抱えていることが初めてデータで示されました。

もともと、海外ルーツの子どもたちの高校進学率自体が低いことは前述のとおりであり（推定約七〇％）、子どもたちの学習支援をおこなう団体などでは「まずは高校に進学させること」が長年のゴールになってきました。このため、高校進学後の支援は手薄になり、中途退学率が高いであろうことは予測されてきましたが、その実態把握や具体的な支援につながるような動きはごく一部の団体による、先駆的な取り組みに限られてきました。

しかし、文部科学省が日本語指導が必要な高校生に関する実態を調査したことで高校入学後の支援の必要性が明らかになりました。二〇一九年度の文科省の施策には、外国人高校生などに対するキャリア教育をはじめとした包括的な取り組みに対する支援策を盛り込んだり、定時制や通信制課程での高校生などの就職・就学支援の枠組み内で外国人生徒の学習ニーズに応じた指導方法の確立について言及したりする動きがみられました。さらに二一年度には、高等学校での日本語指導体制の整備を新規施策として盛り込んで一歩ずつ課題解決に向けて歩み始めたところであり、今後は施策の拡充と推進をさらに求めていきたいところです。

一方で、これらの取り組みや施策が全国的に展開されて成果につながるまでにはやはり長い時間を要します。がんばって高校に入学したものの中退してしまった若者や、進路未決定のまま中学校や高校を卒業しなくてはならない子ども・若者たちが、学校や就労のレールから外れたとしても再び高校入学や進学、就職に向けてチャレンジすることができるようなセーフティネットの構築が、今後の課題でしょう。この点については後述しますが、近年注目を集めているSDGs（Sustainable Development Goals：持続可能な開発目標）が掲げる原則でもある「誰一人取り残さない」社会の実現に向けて、自分には何ができるのかをぜひ考えてください。

3　ダブルリミテッド――日本語も母語も〝中途半端〟な子どもたち

繰り返しになりますが、子どもの発達にとって、自らの基礎になる言葉、すなわち母語を獲得できるかどうかの影響は小さくありません。これまで筆者が運営する支援現場では、親が話す母語がまったくわからないまま日本語だけで育った子どもたちが、抽象的な思考が苦手になったり、小学校低学年程度までの読み書きしかできなかったりという状況を複数経験してきました。

実感として、母語を十分に伸ばすことができなかった環境の子どもたちほど発達障害と疑われやすく、実際に障害があるかどうか日本語の問題なのかどうかにかかわらず、特別支援学級などで学ぶ割合が高まる傾向があります。逆に、母語が確立された子どもほど第二言語として日本語を学んだ際に、その力が向上しやすい傾向もみられます。子どもは、多言語環境にただ置かれているだけでは、一般的に認識されているほど自然に「バイリンガル」として育つわけではないことを、筆者はこの活動に携わってはじめて知りました。家庭のなかと外で使われている言葉が同じ環境だったとしても、子どもの言葉の力を伸ばすことは容易ではありません。まして、家のなかの言葉と外の言葉が異なっている場合、二つの言葉の力を同時に育むことは大変なことであり、十分な周囲の理解やサポート、子どもと向き合い続けることができる環境が必要不可欠です。

筆者がこれまでに経験したかぎりでは、日本で生まれ育ったり幼児期に来日したりした子どもほど母語を喪失することが多く、様々な点でより困難を抱えやすいと感じています。家庭では母語、一歩外に出れば日本語という環境のなかで適切なサポートにつながらなかった場合や周囲の状況によっては、母語も日本語もどちらも〝中途半端〟なダブルリミテッドと呼ばれる状況に陥ることがあります。

筆者が初めて出会って支援をしたダブルリミテッドの子どもはSさんという女の子でした。小学校一年生のときに日本にやってきた中南米にルーツをもつ日系三世で、Sさんと筆者が出会ったのは、彼女が中学一年生のとき。他県から筆者が活動する地域に引っ越してきて、公立中学校に入学してしばらくたったころでした。Sさんは引っ越し以前に暮らしていた町の小学校に一年生から六年生まで通学。日本語のサポートなどは受けたことがないといいます。家族は長女のSさんと幼児の弟、シングルマザーのお母さんの三人。お母さんは日本語がほとんどわからず、役所の手続きなどはSさんが通訳をしてきたということでした。

初めて会ったとき、Sさんの日本語の力が日本の小学校に六年間通ってきたとは思えないほど片言だったことに驚きました。「わたし、きのう、べんきょう」「おかあさん、あした、できない」といったように、Sさんが一生懸命に伝えようとすればするほど日本語がうまく出てこず、それがストレスになってよけいにうまく話せなくなる様子でした。

Sさんは自宅では母語を使って生活していました。ただ、お母さんが仕事や弟の世話に忙しかったことなどから、家庭での母語でのコミュニケーションにも限りがあったようで、Sさんの母語はあまり伸びず、年齢よりもずっと幼い表現にとどまっていました。母語での読み書きも同様で、年齢相応には至っていない状況でした。そんななか、Sさんが「家庭でいちばん日本語が〝よくできる〟」存在としてお母さんの通訳を務めたり役所の手続きを担ったりしてきたことを思うと、胸が苦しくなるほどでした。「ダブルリミテッド」の子どもは、前述のように日本語も母語もどちらも年齢相応に習得していない状況にありますが、その程度や日本語力と母語力のバランスなどは個人差があります。また、その子どもの年齢や時間の経過、適切な支援につながったかどうかによって、ダブルリミテッド状態が「一時的」なものとして次第にバイリンガルへと移行していったり、どちらか一方の言語が伸びたりすることもあります。

しかし、Sさんの日本語はすでに「化石化」と呼ばれる状況がみられ、日本語教師がどのように関わりをもっても、誤って覚えた日本語の表現（例えば「赤いの車」のような）があまり変化することはありませんでした。そのうちにSさんは中学校から足が遠のき、同じような状況の海外ルーツの友人と夜間に繁華街に出入りしたり、家出をしたりするようになりました。そして、かろうじてつながっていたYSCグローバル・スクールにも連絡がないまま他県へ引っ越していきました。その後しばらくしてSNS（会員制交流サイト）を通して知ったSさんは、小さな赤ちゃんを連れていました。まだ十代でした。

もしSさんが小学生時代に担任の先生や学校が適切なサポートを提供していたら、もしSさんともっと早く出会っていたら、もしかしたらSさんの「言葉」はこのような状況にはなっていなかったかもしれません。支援に「もし」を当てはめることはできませんが、Sさんとの出会いは筆者にとって大きな衝撃であり、いまでも当時の力不足を悔やむばかりです。現在に至るまでYSCグローバル・スクールが彼女のような子どもたちの存在にいち早く気づいて手を差し伸べることを支援のなかで大切にしているのは、このSさんの存在が原点になっています。

日本語モノリンガルのシングルリミテッド

日本で生まれ育ったり幼少期に来日したりする子どもほど母語喪失のリスクが高く、苦しい状況になりやすいことは前述のとおりです。海外ルーツの子どもの心身の健全な発達を支えるためには、子どもの母語を守り、その力を高めていくことが大切だということは海外ルーツの子ども支援関係者の間ではよく知られていることです。外国人集住地域の一部の自治体では、子どもの母語を守ることの大切さを保護者に対して啓発するために、多言語でパンフレットを作成したり、「母子手帳」配布の段階で周知をしたりするなど取り組みをおこなっています。また、数は限られてはいるものの母語（民族語）学習の時間を設けている学校などもあります。

しかし、一般的には海外ルーツの子どもの言葉の問題は「日本語がわからないと大変だ」ということが先行し、その課題をまずなんとかしようとすることに重きを置きがちです。例えば外国人保護者が出産して母語で子育てを始めたとしても、子どもが日本語ができない状況で入園した保育園や幼稚園、学校などから「子どもの日本語が上達するように、家のなかでも日本語で子育てをするように」と言われ、母語での語りかけを諦めてしまう外国人保護者もいます。また、日本人配偶者やその親族が産後から母語での子育てを禁止するといったケースもあります。

外国人保護者自身も、「子どもは、日本語ができないことでいじめられるのではないだろうか」という不安や「日本国籍をもつわが子は日本人だから、日本語で育てたほうがいいのではないだろうか」といった悩みを抱えています。そのようななかで、周囲から日本語で子育てをするように〝アドバイス〟をされたとしたら、母語での育児をやめて日本語でわが子に語りかけようとするのは当然の心理だといえます。

例えば外国人保護者の日本語力がネイティブ並みだったとすれば、また話は別かもしれません。しかし、筆者が出会ってきた保護者の多くが、日本語力が十分ではないなかで日本語の子育てに取り組んでいました。

もし保護者自身の日本語が十分（ネイティブ並み）でなくても、子どもが幼い時期であれば何とかコミュニケーションをとることができますが、成長するにつれて、子どもが話す日本語が理解できなくなったり、子どもの振る舞いに対して何が悪いのか、なぜよくないのかを日本語で説明することができなくなったり、といった状況も発生します。

思春期にさしかかってからは、子が親に対して「どうせ（言葉が）通じないから」と悩みを打ち明けられなかったり、子どもが話している日本語が理解できず、何を考えているかわからなかったり、といった親子間の言語コミュニケーションの課題が深刻化することもあります。

このようにして「外国人保護者によるネイティブでない日本語」で育った子どもたちのなかには、すべての家庭に当てはまるわけではありませんが、日本語しか話せないけれど、その日本語の力が不十分

（年齢相応でない）にとどまる「シングルリミテッド」状態になる子どももいます。

そうした子どもの日本語の力は、言葉の数も漢字の読み書きも、読解力も含めて、おおむね小学校低学年から中学年程度でとどまっているケースが多くみられました。日常会話はネイティブではあるものの、学年が上がるにつれて抽象的になっていく勉強内容にはついていくことができず、勉強自体を諦めたり、学校から足が遠のいたりする子どもたちもいます。

学校や周囲にとっては、日本で生まれ育ち、日本語の会話はネイティブの子どもが言語的な課題を抱えているとは想像しづらく、単に勉強嫌いの子どもとして捉えられることや、発達障害であると認識されることも少なくありません。外国人保護者にとっても、日本語がペラペラのわが子に日本語の課題があるとは考えづらく、本人とのコミュニケーションがうまくとれないために子どもの正確な状況を把握することが難しくなっています。

日本語を母語としない複数言語環境で育つ子どもに対してどのような支援や環境があればよしとできるのか、確たることはまだいえない状況です。しかし、海外ルーツの子どもたちと関わりをもつとき、「すべきでない」ことはいくつか明確にいえます。その一つが、「子どもの母語の育ちを阻害してはいけない」ということです。外国人保護者に対して、母語ではない言葉や得意でない日本語での子育てを推奨することは避けるべきです。また、子ども自身が「母語を使うこと」に対して恥ずかしいと感じるような状況を改善し、日本語ができないことよりも、母語を使って保護者と上手にコミュニケーションできることを応援するなど、前向きなメッセージを伝えることが望ましいといえます。

特に言語発達にとって重要な時期である乳幼児期に子どもや保護者との関わりが深くなる保健師や保

育者、幼稚園教諭として活躍している人たちに対して、子どもたちの母語を守るゲートキーパーとして正しい知識と情報を知ってもらうこと。そのために、大学や専門学校などの教育機関や自治体と連携してできることに取り組んでいきたいと考えています。

4　海外ルーツの子どもと発達障害

「中学生なのに、足し算もできない」Ａさん

Ａさん（当時十三歳）は、先に日本に働きにきていた両親に呼ばれて、アジアのある国から来日しました。公立の中学校に入る前に日本語を学ぼうと、地域のＮＰＯで学習支援を受け始めます。しばらくすると、ひらがなやカタカナ、簡単な会話などができるようになったため、その団体では中学校に通う準備のために学校教科の支援もおこなうことになりました。

支援担当者が、出身国での既習範囲や基礎学力を確かめるために確認テストを実施すると、繰り上がりがある足し算でのつまずきがみられました。もちろん、掛け算や分数などもできていません。小学生レベルの簡単な計算だけでなく、デシリットルからリットルなどへの単位換算なども正答することができず、支援担当者も驚きを隠せませんでした。

中学校に転入後は、日本語の壁も相まって、学習の内容についていくことはできませんでした。すぐに中学校からは特別支援学級での支援を検討したいという意見が出ました。Ａさんの保護者も、赤ん坊

のころに親戚に預け、その後は離れて暮らしていたわが子があまりにも「勉強ができない」ため戸惑いを隠せません。NPO側でも、Aさんのつまずきの度合いから、「発達障害なのかもしれない」とたびたびケース会議で話題になりました。

何度か学校とNPO、Aさんの保護者で話し合いがおこなわれ、学校側からの提案で特別支援学級の様子を見学すると、ゆったりと学べる環境がわが子に合う、と保護者は喜びました。こうして、特別支援学級でサポートを受けるようになったAさんは、水を得た魚のように知識を吸収し始め、二桁の足し算につまずいていた状況から一年をかけて、因数分解など中学生の学習内容を一部理解できるまでになりました。

いま、NPOの内部ではAさんは発達障害ではなく、出身国でほとんど学校で学ぶ機会を得られなかったのではないかという見方が優勢です。特にAさんのように、開発途上にある国の子どもの場合、基礎教育へのアクセスは日本ほど高くありません。「障害の有無」だけにとらわれていると、Aさんのような子どもの場合は適切な判断を誤る可能性もあります。

現在、両親または親のどちらかが外国出身者である、海外ルーツの子どもを支援するNPOや学校現場では、発達障害の可能性を疑われるケースが話題になっています。

Aさんのように発達障害では、と思われたものの、長期間支援してみると、基礎教育へのアクセスがなかったことや日本語がわからないことが要因であり、本人の発達自体には障害はないと考えられる場合もあれば、本来であれば特別支援学級への在籍が必要な子どもが、日本語がわからないことが要因になって「子どもだからすぐに日本語を覚えるだろう」という楽観的な見方のもとに放置され、さらに困難が深まったケースもあります。

いずれも、日本語の壁や出身国での教育環境の違いなどから、正確な判断は難しく、現場では手探りの状態が続いています。実際のところ、海外ルーツの子どものうち、発達障害が疑われるケースが多数あるといわれてはいるものの、実は日本語に課題があることが誤解されているなどの状況がどの程度含まれるかなど正確な実態把握はなされていません。

障害がある（可能性を有する）海外ルーツの子どもを取り巻く課題については、最近になってから国が取り組みつつあります。文部科学省が二〇一九年度に開催して筆者も委員として参加した「外国人児童生徒等の教育の充実に関する有識者会議」が出した報告書「外国人児童生徒等の教育の充実について（報告）」で、障害がある海外ルーツの子どもについては以下のように提言しています。

○障害のある外国人児童生徒等に対する指導体制の構築について、文部科学省の補助事業も活用し、必要な取組が進められるよう、地方公共団体への一層の周知を図るべきである。また、学校等が、地域の発達障害者支援センター等の関係機関と連携し、助言等を得ることも重要である。
○障害のある外国人児童生徒等の教育については、文部科学省において、「日本語指導が必要な児童生徒の受入状況等に関する調査」を活用し、学校の在籍状況を把握するとともに、現在、どのような指導・支援等が行われているか等についても、状況を把握すべきである。(2)

発達障害を疑われる海外ルーツの子どもに出会ったときに注意すべきポイントとは

日本語がわからない子どもや、海外ルーツの子どもで「なかなか日本語がうまくならない」「基礎学力が低い」と感じられる子どもと出会ったときに注意すべきポイントは以下のとおりです。日本語ネイティブの子どもと異なり、日本語を母語としない子どもの場合には障害を疑う前に、このようなポイントを踏まえて慎重に判断する必要があり、今後、学校教員などこうした子どもたちと出会う可能性がある大人にはぜひ理解しておいてもらいたいところです。

①来日前の教育状況

・特に開発途上国出身の場合、出身地域や所得階層などによっては基礎教育へのアクセスが限られる場合があります。

・出身国の学校教育カリキュラムが日本と異なる場合があります（日本よりも進度が〝遅く〟、日本の中学一年生の学習内容を中学二年生で学ぶことになっている、など）。

②母語の発達の状況

・外国人保護者があまり上手でない日本語だけで子育てをしたような場合などに、母語が発達しておらず抽象的な内容への理解に困難が生じることがあります。

・その子どもが幼少期に来日したり日本で生まれ育った場合に家庭のなかでの母語維持が難しいなど、

日本語も母語も中途半端にしか育たない「ダブルリミテッド」と呼ばれる状態に（一時的に）陥っている可能性があります。

③家庭の状況など、環境の変化

来日後、幼いころから離れて暮らしていた親との「家族再統合[3]」や、継父・異親兄弟など新しい「家族」との出会い、異文化である日本社会での新たな生活など、ストレスで学習内容が身につきづらい状況に（一時的に）陥っている可能性があります（子どもによっては、こうした状況を突破するまでに一年以上を要する場合も）。

④外国人保護者が把握する子どもの状況

特に幼少期などに日本で働くためにわが子と離れて暮らしていた外国人保護者にとって、子どもがどのような特性をもっているのかを見極めることは難しいものです。このようなケースの場合、その子どもの成長の様子や経年変化を知る人は日本国内には一人もいない、ということも珍しくありません。

⑤外国人保護者への説明・情報提供

・日本語の壁が存在していることもあり、外国人保護者が正確な情報を自力で身につけることは難しいものです。また、外国人保護者の日本語の理解力は、その日の保護者自身の体調やコンディションによって大きく左右されることもあり、子どもの発達についての対話には通訳配置が原則です。

・「特別支援教育」に関するシステムや実際の支援内容など、支援者側が「このくらいは知っているだろう」と考えて説明を省いてしまうことで誤解が生じ、あとから大きなトラブルになる場合もあります。今後、国が実態を把握して支援の方策などをまとめていくものと思いますが、一方で、正確なアセスメントや実態把握よりも現場にとってまず大切にしたいことがあります。

正確なアセスメントや実態把握よりも大切なこと

以前、筆者にSNSを通して連絡してくれたある欧米圏在住者の話によると、欧米でもマイノリティーの子どもが特別支援を受ける割合は、マジョリティーの子どもよりも高くなる傾向にあります。むろん言葉の壁もありますが、その要因には多分に偏見や差別といったマジョリティー社会の「意識」が作用していないでしょうか。

筆者は年間百人前後の海外ルーツの子どもを支援する現場を運営しています。毎年、ある程度の割合で発達障害の可能性を有する海外ルーツの子どもたちと出会います。そのたびに現場では手探りを続けている状況ですが、一つ確かなことは、どんな子どもであっても、その子どもの「成長」を感じることができているということです。

その成長のカギを握るのが、その子どもが「安心できるかどうか」にあるのではないかと、これまでの経験上感じているところです。言葉も文化も異なる国にやってきて、十年以上ぶりに実の親と生活をともにし、学校では孤独に耐えるような日々。ときに「自分の国に帰れ」と言われることさえある状況下で過ごす子どもたちが、「ここなら安心だ」と思えるかどうか。

現場ではこうした子どもたちへの対処療法的な支援が続くなかで、私たち一人ひとりができること、すべきことを、まずは考えていくことが大切なのではないでしょうか。

注

（1）日本学術会議地域研究委員会多文化共生分科会「外国人の子どもの教育を受ける権利と就学の保障――公立高校の「入口」から「出口」まで」日本学術会議（http://www.scj.go.jp/ja/info/kohyo/pdf/kohyo-24-t289-4.pdf）［二〇二一年四月十日アクセス］

（2）外国人児童生徒等の教育の充実に関する有識者会議「外国人児童生徒等の教育の充実について（報告）」文部科学省、二〇二〇年三月（https://www.mext.go.jp/content/20200528-mxt_kyousei01-000006118-01.pdf）［二〇二一年四月十日アクセス］

（3）家族再統合は、児童虐待などの文脈で使われることが多く、その場合は必ずしも親子が離れて暮らしていた状態から、ともに暮らすことをめざしておこなわれる支援にかぎらず、多様な形態が存在します。ここでは、「海外ルーツの呼び寄せの子どもにおける家族再統合支援」という文脈に限定してこの言葉を扱いました。

第3章

「受け入れ体制の整備」から「共生社会の基盤づくり」へ

ここまで、海外ルーツの子どもをめぐる様々な課題について記述してきました。本章では、子どもたちを取り巻く周囲の大人や学校、地域、自治体、そして私たちがいま何をすべきか、何ができるか、について考えます。海外ルーツの子どもたちが直面する困難には、三十年以上も膠着してきた「積年の課題」があることは前述のとおりです。これまで草の根のボランティアや一部の自治体、政府など、それぞれがおこなってきた取り組みだけでは解決してこなかった現状を少しでも前進させるために、一人ひとりができることに取り組むことが重要です。そしてそれは、決して大変で難しいことばかりではなく、私たちが明日からできることも少なくありません。

近年では政策上でもメディアが発信する情報でも、多様な人々とともに生きる社会の実現に必要な事柄を「受け入れ体制の整備」と表現することが多くなりましたが、実際にはすでに私たちの社会は多様性にあふれています。その多様な人々が共生するための変化と基盤を必要としている、そんな時期にあるのだと認識しています。

「受け入れ体制」の一歩先にある「共生社会の基盤づくり」に向けてともに歩んでいくために、まずは何ができるでしょうか。本章で提案するいくつかの考え方や取り組みへのアイデアをもとに、それぞれに思いをめぐらせ、実際のアクションへとつなげていけたらいいなと思います。

1　言葉を学ぶ権利（言語権）の保障に向けて

「日本語がわからない子どもが困っている」というニュースが流れると、SNS上では「なぜ日本語を勉強してから来日しないのか」「日本語教育は外国人保護者の責任でやるべきだ」という意見がみられます。はたして、それでいいのでしょうか。生活している国の言葉を学ぶことは、その人の権利として保障されなくてはならないだけでなく、日本と海外との懸け橋として国内の医療や福祉、企業活動など様々な場面で活躍するバイリンガル・マルチリンガルの育成にもつながります。日本社会で暮らす人々は年々多様化しています。これまで漠然と共有していた「日本在住者＝日本人＝日本語ネイティブ」というイメージを払拭して、日本語を母語としない生活者や子どもたちに対する社会インフラの一つとして広く日本語教育の機会やその土台になる母語を学ぶ機会を保障することが、いま求められているのではないでしょうか。

これまでみてきたとおり日本で暮らしている外国人や海外ルーツの子どもたちの生活支援や日本語教育などは、主に自治体やボランティアの善意に丸投げされてきました。その結果、外国人が多く暮らし、様々な取り組みを進めてきた地域とそうでない地域との間で格差が広がり、海外ルーツの子どもが日本の学校への就学を事実上拒否されたり、日本語を学ぶ機会がない外国人が孤立したりなど、多くの課題が生じています。

外国人保護者や海外ルーツの成人生活者のなかでも、「日本人の配偶者」として来日した人、働く外国人の家族として「家族滞在」と呼ばれる在留資格で生活している人や、日本国籍をもち、海外で育って「帰国」した海外ルーツの若者など、教育機関にも企業にも所属しておらず、社会につながるために日本語を学ぶ必要がありながらその機会が得られない人々もいます。海外ルーツの子どもだけでなく、このように「日本語の壁」が日本での生活のなかで高く立ちはだかっている方々に対してどのように日本語教育機会へのアクセスを確保するかも、同様に考える必要があります。

その国の言葉を学ぶ機会を、外国からきた人々に対して提供する責任は誰にあるのか。その点があいまいになってきたことで、外国人や海外ルーツの子どもに対する支援は自治体任せ、ボランティアに丸投げの状況が長年続いてきました。その結果、多くの人々が言葉の壁による困難に直面する事態になりました。

日本語を学びたいときに学べる、学ぶ必要があるときに十分に学べる環境を整備することは、日本社会と日本語がわからない海外ルーツの人々との「分断」のリスクを回避し、スムーズなコミュニケーションを図るためにも必要不可欠ですが、同時にこうした人々にとっての権利として保障されなければなりません。

言語政策などに詳しい東京国際大学の杉本篤史准教授によれば、「一般国際法上の原理として、教育を受ける権利の実現が主権国家の管轄であることから、そこに暮らすマイノリティーの言語権の保障は、いま住んでいる政府にまず責任があり、出身国の政府はそれに協力する立場にある」とし、海外ルーツの子どもや外国人が言葉を学ぶ権利の保障は日本政府が責任を負うものという見解を示しました。

そして二〇一九年六月二十一日に参議院本会議で、かねてから超党派の議員連盟が準備してきた「日本語教育の推進に関する法律」(以下、日本語教育推進法と略記)が可決・成立しました。日本語教育推進法は、日本語教育が地域の活力向上に寄与するものだという前提で、外国人などの希望、置かれている状況や能力に応じた日本語教育を受ける機会を最大限に確保することや、海外ルーツの子どもの家庭での母語への配慮などを基本理念に盛り込んだものです。この法律の誕生によって、ようやく外国人や海外ルーツの子どもたちに対する日本語教育に国と自治体の責任が明らかになり、関係者や支援者らにとっては大きな一歩になりました。少なくとも、「子どもの日本語教育は外国人保護者の責任」といった批判に堂々と立ち向かうことができることになり、当時、筆者としてもほっと胸をなでおろしたことを覚えています。

ただし、この日本語教育推進法は理念法であり、いうなれば日本語教育がよって立つ「足場」ができたにすぎません。この法律の成立以来、ときおり「日本語教育推進法は役に立ちますか?」という質問を受けることがあります。確かにこの法律ができたからといって、一朝一夕に大きな変化が起きるものではありませんが、地方で行政職員と話をしてみると、やはり「日本語教育推進法ができたので、施策を立てやすくなった」という声や「これまで役所全体として日本語教育への関心をもつことが難しかったけれど、法律ができたので、「やらなくてはならないこと」という認識が生まれた」といった声を聞くことは少なくありません。たかが足場という見方もあるかもしれませんが、やはり土台があることで少しずつではあるものの、着実に変化を生み出していると実感することもしばしばです。

これから先、各地でこの日本語教育のための足場のうえにどのような骨組みを立てていくのか。三十年以上にわたって横たわってきた日本語教育の課題を乗り越え、どうすれば言葉を学ぶ権利を保障できるのか。地域のなかで議論を重ねて、実情に合った取り組みを一つひとつ着実に進めるべき時期にきているのではないでしょうか。

地域間格差の是正に向けて

第1章で記述したとおり、海外ルーツの子どもの教育や外国人への支援や自治体による取り組みは地域間格差が大きな障壁になって、積年の課題として横たわり続けています。文部科学省をはじめとする政府が自治体への取り組みを支援する施策を拡充すればするほど、以前から自治体独自で支援するなど積極的に体制を整えてきた外国人集住地域と、予算にも支援の担い手にも限りがある外国人散在地域との格差は広がっていくようにもみえます。

一方で、海外ルーツの子どもやその家族、外国人生活者の日本国内での生活圏は各地にまたがって広がりをみせていて、これまで散在地域だった自治体や学校でも外国籍住民の増加に対応を迫られるケースも増えています。

海外ルーツの子どもたちは国籍や言語、宗教、文化をはじめ、来日時の年齢や来日時期、言語状況や基礎学力なども含めて多様なバックグラウンドとニーズをもっています。また、どの国のどの言葉を話す子どもが、どのタイミングでやってくるのか、自治体や学校がそれを予測して準備することはほぼ不可能です。筆者が運営するYSCグローバル・スクールでは年間を通じて子どもたちを受け入れていますが、年度によって子どもたちの状況は大きく異なり、十年以上活動してきた現在でもその流れを予測

ICT を活用した授業の様子

することは困難です。そういった不確実性を乗り越えて、いつやってくるかわからない日本語指導が必要な児童・生徒のために柔軟な支援を提供できる環境の整備、それが地域間格差是正のためには必要不可欠です。

オンライン授業で、どこにいても学べる時代に

その困難な状況を可能にできるのがＩＣＴ（情報通信技術）の活用です。いまや二〇二〇年の新型コロナウイルスの影響で、一気にメジャーになったオンライン会議システムを活用した双方向リアルタイム型のオンライン授業。この仕組みを使って、外国人散在地域の子どもたちに日本語教育機会を届けることができれば、自治体や学校は突然やってきた日本語がわからない子どもにもスムーズに対応することができ、子どもの無支援状態を回避することもできます。また、こちらはすでに多くの自治体で導入が進んでいますが、外国人保護者と学校との面談時

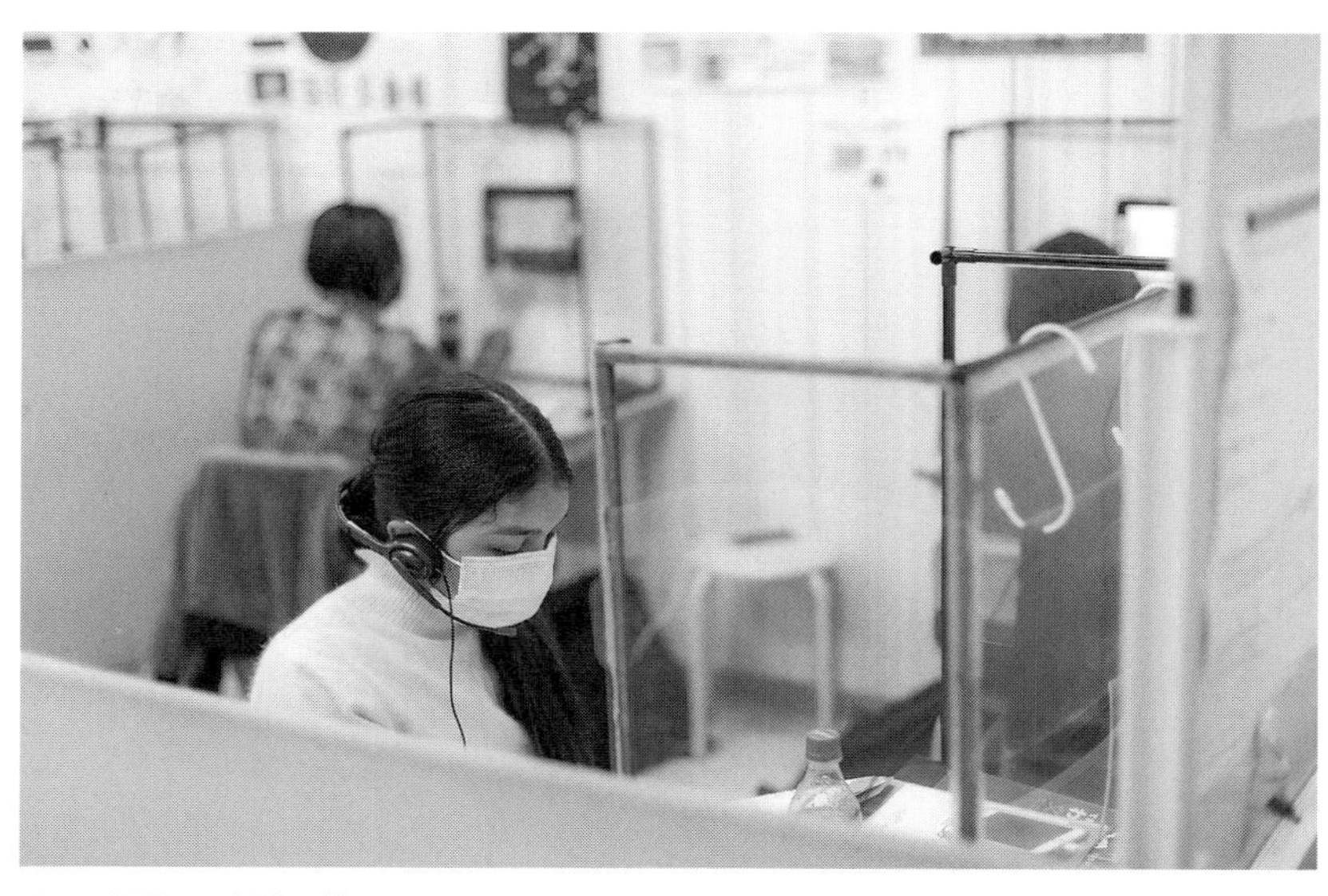
ICTを活用した授業の様子

などにもオンライン通訳の仕組みがあれば言葉の壁を乗り越えることができます。さらにいえば、これまで外国人集住地域であってもなかなかまとまった取り組みが困難だった母語の教育機会も、全国にいる、あるいは出身国にいる母語の教育者とオンラインでつながることで実現することができるはずです。

コロナ禍は多くの困難を社会にもたらしていますが、そのなかで唯一、筆者が不幸中の幸いと感じる点が、このオンライン授業に対する理解の広がりです。これまで、外国人散在地域の課題を解決するためには、その地域のなかで「ゼロを1」にするような発想を前提にしていたために「やりようがない」と思われてきました。しかし、オンライン授業のアイデアは「百あるところ（外国人集住地域など）とつながり、その百を共有する」ことにほかなりません。外国人散在地域でも、今後は「教える人がいない、その人を雇うための予算がない、交通手段がない。だから、できない」の時代を超えて、オンラインで全国とつながりながら、ともに海外ルーツの子どもたちへ支援の手を伸ばせる状況がすでに目の前に用意されているのです。

ラストワンマイルは人の手で

ここまで、万能薬のようにＩＣＴの活用を述べてきましたが、もちろんそれだけでいいというわけではありません。特に海外ルーツの子どもにとって、オンラインで日本語を学ぶことには注意点があります。

第一に、子どもがオンライン授業の時間に間に合うように、タブレットやパソコンを立ち上げてオンライン会議システムにアクセスすることを、子どもの身近なところにいる誰か（たいていは保護者か在籍校教員）が担保しなくてはなりません。もともと、海外ルーツの子どもたちの場合、親の都合などで来日することが多いため、日本に来た直後は日本語を学ぶことに抵抗を感じていることも少なくありません。子どもの気持ちに寄り添い、環境を整え、少しでも日本語を学びたいと思えるようにはたらきかけをする身近な大人の存在が重要です。

第二に、オンライン授業の場合は地域情報を伝えることができません。オンラインで日本語を教える日本語教師が同じ県内や近くの自治体に暮らしていれば別ですが、他県などの遠方に在住の場合、子どもが生活していくうえで必要な地域の地名や駅名、公園の名前や方言などを教えることが難しくなってしまいます。地域情報は、その地域に精通している人が「リアル」で伝える必要があります。

第三に、これは機材の制約に関わりますが、オンライン授業では子どもが文字を「書くこと」をサポ

ICT を活用した授業に取り組む生徒

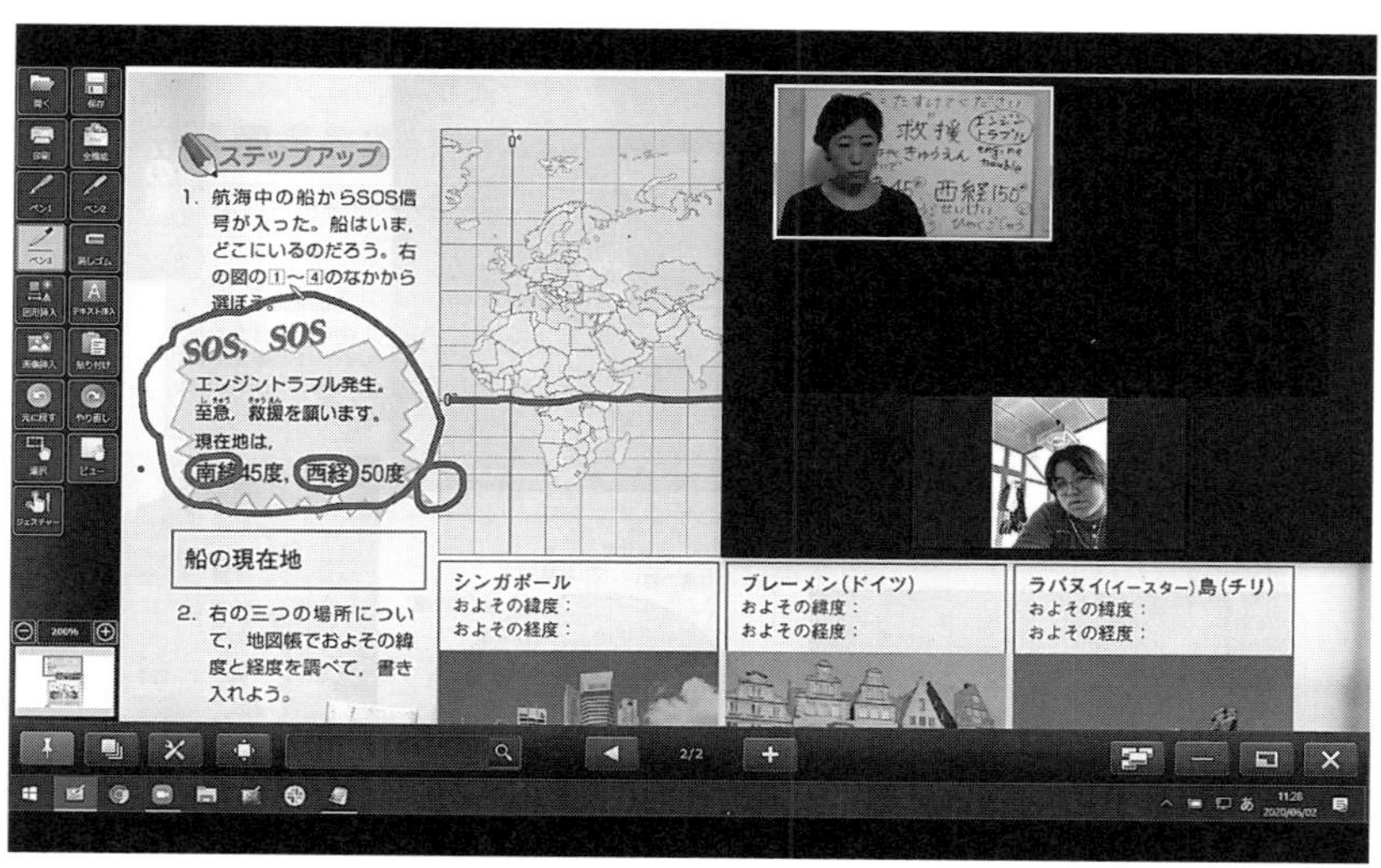

オンライン上での授業の様子

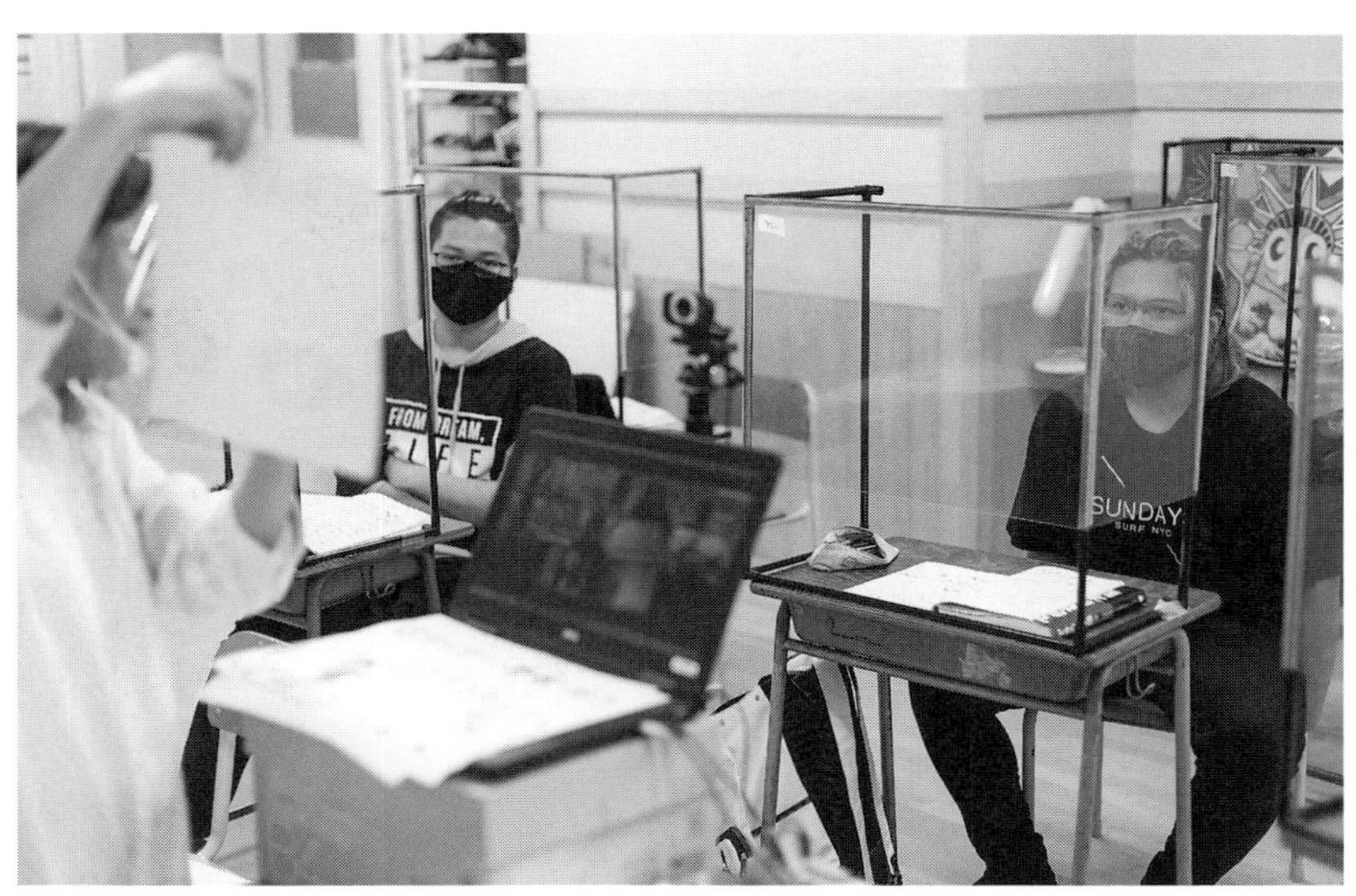

ICT と現場のハイブリッド授業

ートすることが難しく、子どもが書いている文字の形や書き順などをその場で確認して修正することがなかなかできません。また、カメラの位置などによっては子どもが手元で遊んでいたり、スマートフォンをいじっていて授業に集中できていなかったりする状況を把握することも難しくなってしまいます。画面越しに声をかけることはできますが、耳を傾けてくれなければ、それ以上は踏み込めません。

このようにオンラインを通して提供できることには限りがあるため、身近な大人が見守る環境でオンライン授業を受けたり、オンライン授業後に地域情報を補足するようにサポートしたりするなど、「ラストワンマイル」を人の手で支える体制を欠かすことができません。

こうした「リアル」との連携があってはじめて効果的な支援になることを、筆者らが二〇一六年から取り組んできたオンライン教育の実践のなかから見いだしてきました。これからオンライン授業を活用して海外ルーツの子どもに支援をおこなおうとする際にはぜひ、この点を思い出し、子どもたちの身近にいる大人たちを巻き込みながら、いい連携のもとでサポートを届けてください。

2 「外国人保護者は教育に無関心」は本当か

一部の学校関係者と話をすると、「あの（海外ルーツの子どもの）親は、教育に無関心で……（困る）」というようなニュアンスで相談を受けることがあります。また、講演などで海外ルーツの子どもやその保護者の現状と課題について言及すると、会場から「子どもの課題は親が無関心だからではないか」という趣旨の質問を受けることがあります。それが一度や二度ではないことを考えると、「外国人保護者＝子どもの教育に無関心（なので子どもの困難が解決しない）」というイメージをもっている、あるいはもたれやすい状況なのだといえそうです。

外国人保護者のうちの多くの人は、日本の学校教育を自ら経験したことがありません。自国で自分が子どものころに受けてきた学校教育とどこが異なり、どこが同じであるのかを判断すること自体が困難です。また、長年日本で暮らしている外国人であっても、日本語学校などで体系的な文法を学習してこなかった場合は、「日本語は話せるけれど、読み書きできない」という人も少なくありません。

日本人保護者であれば、役所や学校から出された「おたより」を読み、いつ何があるのか、子どもはどう動くのか、何を持っていき何を持っていかないのか、といった情報を得ることができますが、外国人保護者の多くにとってはそうではありません。

「ふでばこ」「うわばき」「きゅうしょくぶくろ」「がっきゅうかつどう」「しゅうだんげこう」。学校でしか使わないこれらの言葉の多くは、日常生活でなかなか耳にする機会がありません。さらにこうした言葉が並んだ日本語の手紙を理解するというのは、日本での生活が長い外国人保護者であっても一筋縄ではいかない高いハードルです。

子どもが一定の年齢を超え日本語がわかるような状況であれば、おたよりを翻訳して保護者に必要なことを伝えることができますが、小学校低学年くらいの子どもにとって、いくらその子が日本語と母語ができたところで、学校からのおたよりを読んで、母語に翻訳して親に伝えるという作業は困難です。

その結果、学校では「外国人保護者は教育に無関心」であるかのように捉えられてしまったり、子どもの生活を支えられないことで、外国人保護者が親としての自信を喪失してしまったりすることがあります。また、子どもが成長するにしたがって、思春期前後に日本語力が十分でない保護者に対して「恥ずかしい」「頼れない」と感じ、家庭内のパワーバランスが崩れるなど、親子間や学校―家庭間の信頼関係に影響が出るケースもみられます。

外国人保護者のなかには、日本での子育てで喪失的経験が積み重なることで、前向きな気持ちをもてなくなってしまっている人もいます。日本という「外国」で子どもを育てる彼らの状況を正しく理解することが、外国人保護者が教育への関心を喪失させられることなく、自信をもって子育てできる環境整備の第一歩になるのではないでしょうか。

例えば、外国語である「日本語の会話力」は、その日のコンディションに左右されることがあり、ふだん日本語がよくできるように感じられる外国人保護者でも、その日の体調などによって日本語の会話やリスニングの力に大きな差が出ることがあります。また、周囲に子育ての不安を伝えるための語学力が十分でないために「子どもはダイジョウブ」以上のことが話せず、関心がないように受け取られてしまうことも可能性として頭に入れておきたいところです。

また、学校文書を紙ベースではなく、メールやウェブサイトなどを通して電子文書で提供すれば、外国人保護者自身がＡＩ翻訳などを活用しやすくなり、完全ではないものの、「日本語のおたよりがまったくわからない」という状況から脱することができます。

現在、ＡＩ翻訳の精度はかなり向上していますし、学校での多言語コミュニケーションに特化したアプリも登場しています。文部科学省でも、「かすたねっと」という全国の自治体で作成された多言語の学校文書をテンプレートとして自由に活用できるプラットフォームを開設して、保護者が学校の「おたより」がわからないという課題に対応できるよう支援しています。

いずれにせよ、筆者がこれまでに経験してきたなかで、外国人保護者がわが子の教育に無関心といえるケースはごくわずかであり、限られた情報のなかで、支援もあまりないなかで、わが子の最善を願いながら子育てをしています。

現在、こうした海外ルーツの子どもと外国人保護者に対し、入学前の日本語学習や情報提供などを通してスムーズな小学校生活のスタートを応援する取り組みが広がりつつあります。

二〇〇六年に愛知県が実施したモデル事業「プレスクール（就学前の外国人の子どもへの初期の日本語指導・学校生活指導）」が下地になり、〇九年にはモデル事業の成果が「プレスクール実施マニュアル」

としてまとめられたことは、支援者の間でも大きな話題になりました。

その後、取り組みは徐々に広がり、現在までに全国の少なくとも十五の地域で実施されるようになりました。内容は、二、三回の「ガイダンス」や「体験」を中心としたものから、なかには全五十回の手厚いプログラムで幼児の日本語の力を育み、小学校入学までを支えるものまで幅広く、まだ手探りの段階ではあるものの、小学校入学を控えた海外ルーツの親子にとって大きな支えになっています。

また、最近では保護者のPTA活動のなかで外国人保護者や日本語の読み書きが得意ではない保護者をサポートしたり、学校で多文化共生を推進するための活動（外国人保護者にその国の料理を教えてもらったり、多言語掲示物の作成に関わってもらったりなど）をしているケースも登場しています。このような保護者同士の取り組みは、日本人の子どもたちにとってもいい影響を与えてくれます。多様な子どもたちが学校でともに学ぶことが「当たり前」であるという前提に立ち、その多様性を前向きに生かしていくことを考えてみると、楽しく、子どもの育ちにとって充実した学校環境づくりの一助になるでしょう。

「多文化対応」を取り入れて、アクセシビリティーを高めよう

筆者が海外ルーツの子ども支援に関わり始めてから十年以上たち、活動開始当初に出会った子どもたちの大半が成人しました。日本社会で自立し、家庭を築いていた若者も少なくありません。日本で育って教育を受ける海外ルーツの子どもたちは増加しています。今後、コロナ禍が終息すれば再び増えていくでしょう。また、全国の支援者の間では、こうした子どもたちやその保護者の日本への定住・長期滞

在志向が以前と比べて高まっていることが共通認識になっています。筆者がこれまでに出会ってきた千人を超える海外ルーツの子どもたちも、その保護者の約九七%は「今後、日本以外の国に暮らすつもりはない」と答えています。つまり、海外ルーツの子どもたちは、日本社会で育ち、日本社会で生きていく可能性が高い「日本の子ども」であり、その保護者や家族とともに安心・安全に暮らせる環境の整備が必要不可欠です。

一方で、彼らにとって、日本での暮らしは困難の連続であることが少なくありません。学校のなかだけではなく、日常の様々な場面で情報を得ることが難しく、特に有事の際には弱者になりやすい状況です。現在、行政の窓口や医療などでは多言語で対応するケースも増えてきましたが、海外ルーツの人々が日常生活で利用する社会資源は多様であり、私たちとなんら変わることがありません。例えば、地域に子ども食堂が開設されていたとしても、その情報を得ることができなければ、どれほど困窮状態に陥っていても支援を利用できません。このような公益活動へのアクセスだけでなく、スーパーマーケットで食品の表示が読めなかったりスマートフォンの契約内容が理解できなかったりするなど、日常のあらゆる場面で社会資源やセーフティーネットへのアクセスが限定されています。

少なくとも、セーフティーネットになる公益活動や福祉サービスなどには情報の多言語化や通訳の配置などがなされることが望ましいのですが、現在の日本の状況を考えると、一朝一夕に実現できることではありません。そうした取り組みの全国的な普及や実現を待たずに、市民レベルで、企業レベルででできることを進めることができたらと考えています。

先に例として子ども食堂のケースを挙げましたが、同じ考え方はどのような事業やサービスでも応用可能です。商品表示やチラシ、広報などは外国語翻訳の予算がかけられない場合でも、「やさしい日本語」(後述)という日本語を母語としない人などがわかりやすい日本語に「翻訳」したり、ピクトグラムで表示したりするだけでも言語障壁を下げることは可能です。また、異なる文化や宗教をもつ人たちに特有の考え方や行動を理解していれば、どのような合理的配慮や工夫をどの程度おこなえば、そうした人たちにとってのアクセスが確保され、サービスを利用してもらえるかといったことを考えるために役立ちます。

さらに、全国各地にある国際交流協会や外国人支援団体(日本語ボランティアグループなど)と情報を交換したり連携したりすることで、海外ルーツの人たちや外国人に情報を届けることも難しくなるでしょう。これら一連の取り組みを「多文化対応」と呼んでいて、筆者らYSCグローバル・スクールでも二〇二〇年度から、これまでの経験を生かして公益活動団体などへのノウハウや研修機会の提供をおこなっています。

読者のみなさんが関わりがある公益活動や社会資源、商品やサービスなどがもし「日本語を理解できる日本人」だけをターゲットとして開発、提供、実施されているのであれば、ぜひ、「日本語があまり得意ではない人や海外にルーツをもつ人〝も〟できる、購入できる」かどうかという視点で、必要な配慮や工夫のあり方を考えてみてください。きっと、新しい発見や前向きな展開につながっていくはずです。

第4章

海外ルーツの子どもの課題解決に求められる多面的支援とは

海外ルーツの子どもたちが直面する課題は、日本語や母語という言葉の問題だけではありません。貧困や孤立、十代での妊娠・出産や家族再統合など、教育だけでは解決できないことも少なくありません。本章では、そのような海外ルーツの子どもたちやその家族に対する教育以外の支援の必要性についてみていきます。

1　外国人の子どもの教育機会保障に必要なこととは

第1章で、学齢期の外国籍の子ども二万人の就学状況を自治体が把握しておらず、不就学の可能性があることを述べました。ここではもう一歩踏み込んで、不就学状態はなぜ発生するのか。課題解決のために何をすべきか、詳しくみていきます。

子どもたちが不就学になる背景にはいくつかの要因があります。その要因を大きく五つに分けました。

一つは、義務教育の対象ではないこと。そのために行政が踏み込んで関与しづらい、する必要性を見いだしづらいという課題につながるケースです。就学案内を多言語化していない、編転入時の説明が不十分など、行政側が仕組みを整備することで改善が期待できる部分です。先の就学状況実態調査（文部科学省実施）によってこれらの課題が明らかになったこともあり、今後は必要な改善策が一定程度実施されるでしょう。一方で、ここで注意しておきたいのが、小学校入学、中学校進学、自治体への転入手続き時の対応だけではカバーできない子どもたちの存在です。例えば保育園や幼稚園に就園していない未就園の家庭や、外国人コミュニティーからも孤立しているような家庭の場合、誤解や情報不足などから、就学案内が届いたとしても手続きに至らないケースもあります。こうした孤立リスクが高い家庭に対しては妊娠・出産時や予防接種のタイミングなどの子育て上のタイムラインに沿って、保健、医療、福祉などが連携して、家庭との社会的接点を生かした情報提供を粘り強く続けていくことが必要です。

二つめに、タイミングに起因して不就学になるケースがあります。例えば、小学校六年の学齢の八月に来日したが、出身国ですでに小学校を卒業しているために日本の学校に通う必要性を感じない、あるいは卒業しているために通えないと誤解しているような場合など、いくつかのケースがあります。そのなかでも特に問題なのが学校側の都合で「就学待機」になっている状況です。具体的には、その学年度の一月に子どもが来日した場合、年度終了間際なので四月まで待つようにと言われたり、運動会などの行事練習が始まってしまったためそれが終わってからにしてほしいと言われる、などのケースです。さらにその対応が、同じ自治体内でも学校ごとに異なっている場合もあるので問題です。少なくとも、就学を希望している場合には必ず学籍を作って学校とのつながりやその責任を明確にすることを徹底するように、必要な体制や規定などの整備を進めるべきです。

三つめは受け入れ体制の欠如に起因するもので、本書でもすでに言及しているように、外国人保護者が就学を希望して自治体の窓口に行ったところ、「どこかで日本語を学んである程度できるようになってから、また来てほしい」と言われて就学手続きをしてもらえなかったケースです。これについては、学校内での支援を充実させること、その際にＩＣＴを活用するなどして地域間格差の是正を図ることが挙げられます。加えて、外国人コミュニティーなどのなかで「日本の学校に入ると外国人はいじめられる」という情報を耳にして、怖くなってしまって就学を見合わせたという場合もあります。筆者のところにやってくる海外ルーツの子どもたちも、その多くが学校でいじめを経験しています。その情報が外国人コミュニティーで広がった結果、就学させないという判断を引き起こします。

これについては、学校側だけでなく、マジョリティーである「日本人の子ども」たちが、共生社会の一員として必要な態度や力を育てられるように、多文化・異文化理解教育などの取り組みを充実させていく必要があります。

続く四つめは、移動やトラブルに起因する不就学の発生です。外国籍の子どもたちのなかには、日本と外国との間を行ったり来たりする事例があります。その過程で、就学・転入のタイミングを逃して学校に通わないままになるケースがあります。これについては、出入国時や転出入時の情報提供を徹底するなどの対応でリスクが低減されるのではないかと考えています。もう一つのケースとしては、学校側とトラブルになって除籍になる場合です。公立中学校に在籍していた外国籍のある生徒が非行や家出などを繰り返して、中学校に出席しない時期が続きました。それに対して学校と保護者との間のコミュニケーションがうまくいかず、中学校を「除籍」されたことがありました。また、中学三年に在籍する生徒の来日時期や出席状況などによって、学校長の判断で卒業証書を出してもらえないこともありました。それも、学校単位、さらにいえば校長の考え方によって対応が異なってしまうというのが現状です。少なくとも「属人的な判断」による対応格差を是正・防止するために、国や都道府県などによる原則的な対応基準を定めること、研修によって啓発・意識改革などの取り組みを推進していくことが重要です。

最後に五つめは、複合的困難に起因する不就学の発生です。不就学の子どもたちは自宅にこもり

学期最終日、卒業生と在校生で記念撮影

きりになったり、保護者が働くため小さなきょうだいの面倒や家事を親の代わりに担ったり、年齢を偽って働いていたりなど様々な生活を送っています。教育機会から遮断されていることによって行政にもその存在が把握されづらいことで、子どもの健康状態や安全かどうかを確認する機会がほとんどありません。また、万が一安全に過ごせない環境にあっても、子ども自身がＳＯＳを発することが難しい状況です。教育を受ける機会を失っているなかで、心身の健康な発達への影響も懸念されます。私たちがこれまでに支援してきた不就学の子どものなかには、幼少期に来日して以降一度も保育園や学校に行ったことがないという小学生がいましたが、貧困やネグレクトといった複合的な困難を抱えていて危険な状態でした。

　このような複合的困難による「不就学」の子どもたちは、実は、筆者のような教育を中心にしている支援団体にも容易には「発見」できない存在です。

一方でこうした子どもたちこそ、社会から取り残された真に支援が必要な存在であり、社会全体で手を差し伸べるべきです。

自治体が家庭訪問などに取り組むことに加えて、地域住民が情報提供の窓口を設置したり啓発キャンペーンを展開したりするなど、見えづらい子どもたちを発見するための「目」を増やす取り組みが重要です。例えば企業では、自社が直接または間接的に雇用している従業員に子どもをもつ外国人保護者がいる場合には、子どもの就学状況を含めた教育機会へのアクセスがきちんと確保されているのか、という意識をもつことが大切です。

例えば、採用後に「お子さんの学校はもう決まっているの？」などと声をかけたり、義務教育ではないけれど外国人の子どもも日本の学校で学べることを伝えるなどのささやかな取り組みが功を奏するかもしれません。

現在は自治体や弁護士会などで多言語の無料相談会を定期的に開催していたり、恒常的な相談窓口を設置したりしている場合も増えてきました。教育や子育ての悩みを抱える外国人保護者がいれば、どこで相談可能なのかといった情報提供も重要なサポートになります。

また、あまり多くはありませんが、外国人のなかには悪質なブローカーにだまされ、多額の借金を背負って来日したうえ、ブローカーが用意した住居で半ば軟禁状態に置かれるケースがあります。筆者も同様の事例で、派遣先としてサービス業や工場のライン作業などで昼夜問わず働かされていたという保護者に出会ったことがあり、子どもを帯同している場合は、教育機会が限定されやすい可能性を疑う必要があります。また、前述のとおり、不就学状態の十代の子どもが年齢を偽って児童労働をさせられていたという事例もあります。

周辺でこのような状況に置かれた外国人保護者や子どもがいないかどうか、行政・企業・地域・個人それぞれにあらためて関心をもってほしいと思います。

2　海外ルーツの子どもたちの貧困

二〇二〇年七月に厚生労働省が公表した「二〇一九年 国民生活基礎調査の概況[1]」によると、日本に暮らす子どもの貧困率は一三・五％で、十七歳以下の子どもたちの七、八人に一人が貧困状態にあることがわかりました。この調査はその前年の所得データに基づいたもので、現在では新型コロナウイルスの影響によって一層厳しい状況になっていることが予想できます。

両親または保護者のどちらか一方が外国出身者である海外ルーツの子どもたちが、実際にどの程度の割合で「貧困」状態にあるのかは、この調査では見いだすことができません。また、具体的な実態調査はほとんどおこなわれていませんが、筆者が毎年支援する海外ルーツの子どもたち約百二十人のうち三〇％程度が経済的に苦しい状況に置かれていて、活動を続けてきた十年間、その割合はあまり変化がありません。ここではいくつか、海外ルーツの子どもやその家庭の経済状況を推測するための手がかりになるデータを紹介します。

二〇一〇年度国勢調査をもとに、海外ルーツの人たちについて多方面からの考察をおこなっている研究論文(2)によると、日本の完全失業者が労働力人口に占める失業者比率は六・五%であるのに対し、韓国・朝鮮籍一一・三%、中国籍六・五%、フィリピン国籍九%、タイ国籍九・六%、ブラジル国籍九・七%、ペルー国籍一一・二%にのぼっています（図6）。

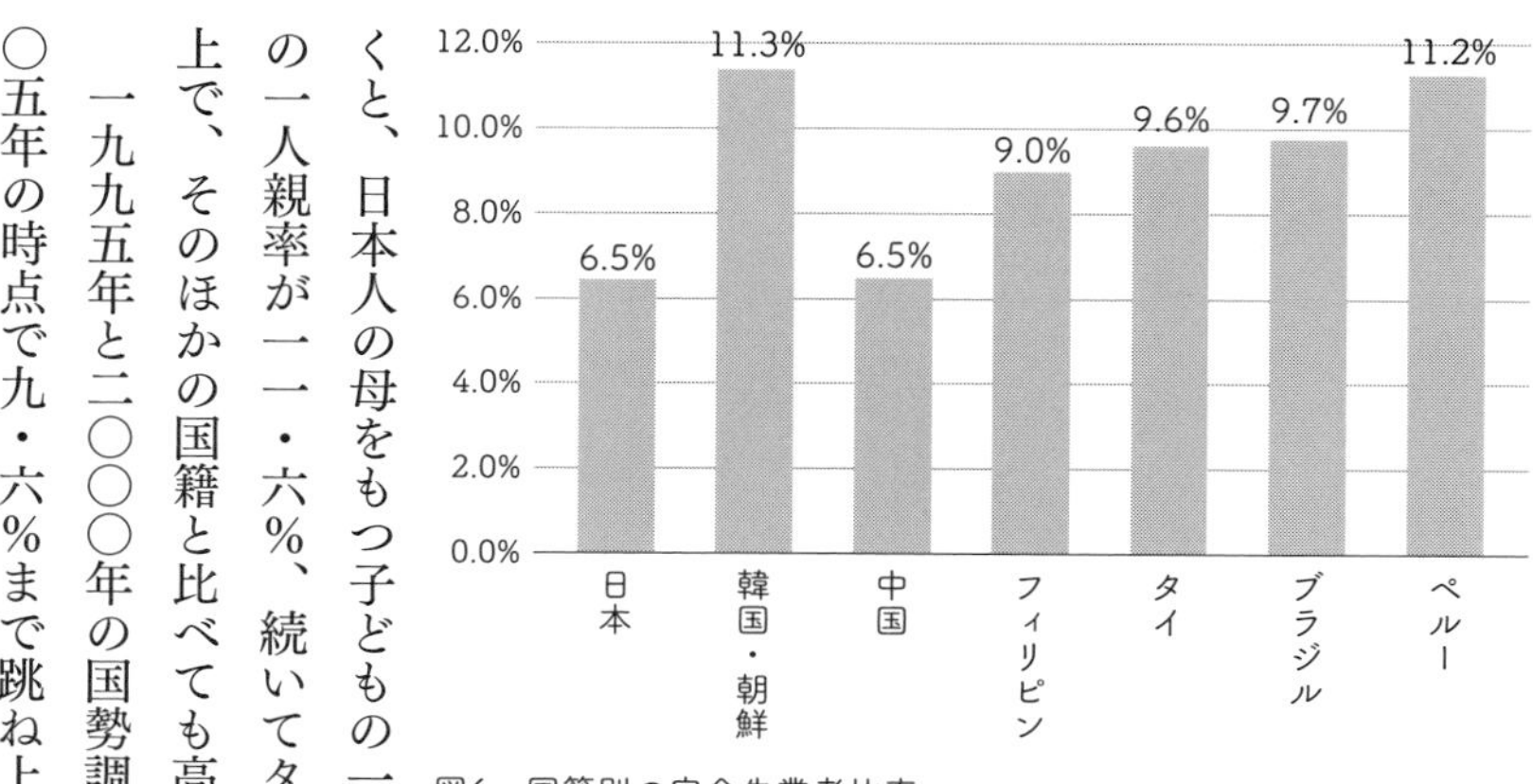

図6　国籍別の完全失業者比率
（出典：髙谷幸／大曲由起子／樋口直人ほか「2010年国勢調査にみる在日外国人の仕事」〔「岡山大学大学院社会文化科学研究科紀要」第39号、岡山大学大学院社会文化科学研究科、2015年、30ページ〕をもとに筆者作成）

特に、子育て世代といえる二十代後半から五十代の失業率が一〇%前後にのぼる国籍もあり、経済的に厳しい状況を示している点は、現場からみえてくる実態に即しています。失業と非正規での就業を繰り返す外国人保護者もいて、その子どもたちの生活環境は不安定にならざるをえません。

また、同じく二〇一〇年国勢調査にみる同論文シリーズから、海外ルーツの母子家庭の割合を国籍別にみていくと、日本人の母をもつ子どもの一人親家庭率は五・五%である一方、フィリピン人の母をもつ子どもの一人親率が一一・六%、続いてタイが一一・三%と、日本人のシングルマザーをもつ子どもの二倍以上で、そのほかの国籍と比べても高いことがわかります。

一九九五年と二〇〇〇年の国勢調査では、フィリピン人の母子世帯率は二%未満だったそうですが、〇五年の時点で九・六%まで跳ね上がり、一〇年の調査では一一・六%となり、フィリピンにルーツを

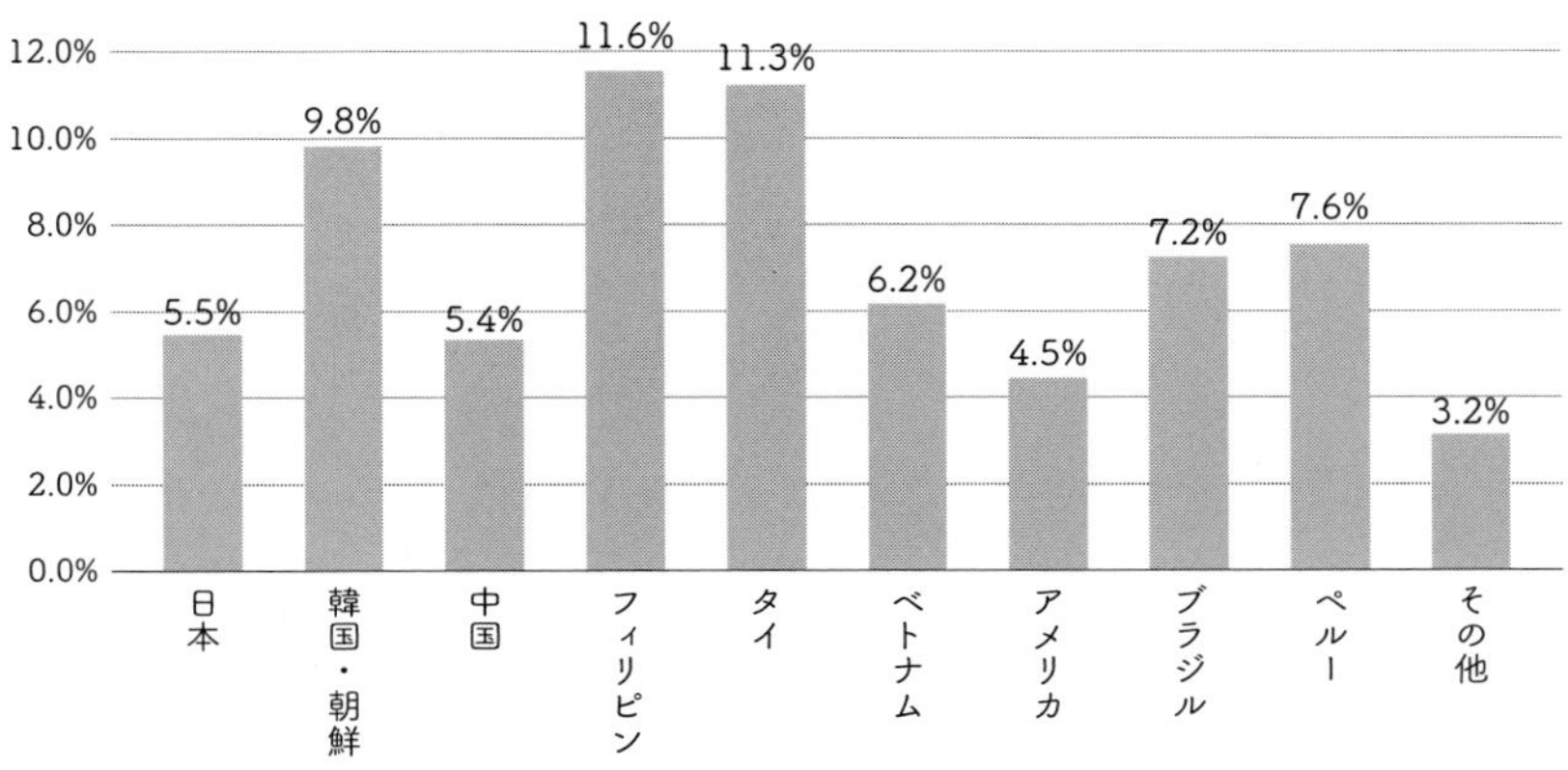

図7　55歳未満の母親、国籍別母子世帯率
（出典：「2010年国勢調査にみる外国人の教育――外国人青少年の家庭背景・進学・結婚」、同誌41ページをもとに筆者作成）

もつ子どもの一人親家庭率は右肩上がりであることがわかります（図7）。

一人親が経済的に苦しい状況に陥りやすく、また、その子どもたちも教育などの面でハンディキャップを負いやすいことは近年よく知られています。海外ルーツの一人親家庭の子どもの場合、親の経済的困難に加えて外国人であることや日本語の壁などがあって一層苦しい状況になることは珍しくありません。

特に差別や偏見、言葉の壁や情報格差などがあるなかで、外国人女性が一人親として安定した就業環境に身を置くことは難しく、図8のように、世帯主が外国籍で生活保護を受給する家庭のなかで国籍別総世帯数に占める「母子世帯」受給の割合が、日本国籍・外国籍を含む全体では五・一％なのに対して、韓国・朝鮮籍以外は軒並み倍以上で、特にフィリピン国籍では五七％を超えています。

貧困・困窮あるいは収入が不安定な状況は、海外ルーツの子どもたちに様々な影響を与えています。エアコンがない、勉強机がない、制服や学用品をそろえる資金がないな

	高齢者世帯	母子世帯	障害者世帯	傷病者世帯	その他の世帯
全体（日本国籍・外国籍）	54.7	5.1	11.6	13.5	15.1
韓国・朝鮮	65.4	3.2	8.2	12.0	11.3
中国	32.8	12.4	7.6	20.7	26.5
フィリピン	2.5	57.0	3.3	9.3	27.8
ベトナム	21.5	27.2	7.6	12.8	30.9
カンボジア	35.7	21.4	4.8	10.7	27.4
アメリカ合衆国	29.7	8.1	18.6	20.9	22.7
ブラジル	30.2	20.2	8.8	14.0	26.8
ブラジル以外の中南米	21.5	29.3	7.4	13.2	28.7
その他	14.8	28.3	9.1	16.4	31.4

図8　被保護外国人世帯数、世帯主の国籍・世帯人員・世帯類型別割合
（出典：厚生労働省「被保護外国人世帯数、世帯主の国籍・世帯人員・世帯類型別」と「被保護世帯数―世帯主の平均年齢、級地・世帯主の年齢階級・世帯類型・世帯人員別」『平成30年度被保護者調査』〔https://www.mhlw.go.jp/toukei/list/74-16.html〕［2021年4月10日アクセス］をもとに筆者作成）

どに加え、夜間に働く保護者に代わって幼いきょうだいの世話をするために学校から足が遠のくこともあります。高校進学を諦め、働いて家族を支えようとする子どももいます。

日本人の貧困にある子どもたちも同じような困難に直面しますが、海外ルーツの子どもの場合は、保護者（や本人）が日本語がわからず必要な支援や情報へのアクセスが閉ざされていたり、学校の先生や福祉関係者とのコミュニケーションがとれなかったりなどの難しさも加わります。

このような保護者世代の貧困・困窮の影響は、より大きな波となって次世代に継承されようとしています。低い高校進学率、高い高校中退率。大学への進学もまだ狭き門になって

います。外国人保護者と同じように不安定な雇用環境に組み込まれたり、未婚のまま十代で出産したりする海外ルーツの若者も現場では珍しくなく、いま、この悪循環を断たなくてはならないという危機感を感じています。

近年、日本社会での格差や母子家庭・子どもの貧困に対する関心が高まり、市民団体やＮＰＯによるプロジェクトだけでなく、自治体などによる各種の支援も広がりをみせています。

一方で、そのプロジェクトや施策の対象者として、日本語を母語としない家庭や子どもたちの存在が当初から含まれているケースはあまり多くはありません。プロジェクトをおこなってみて、あるいは自治体で学習支援をおこなってみてはじめて、海外ルーツの子どもやその保護者がつながったという場合がほとんどかもしれません。

しかし、先にも述べたように海外ルーツの家庭や子どもたちの貧困は、言葉の壁によって支援情報へアクセスすることが難しい、という一歩手前の段階での困難を抱えているケースも少なくなく、支援にたどり着いたこと自体が「幸運」となってしまっている状況です。

海外ルーツの子どもやその家庭を支援している自治体や支援団体の絶対数は少なく、地域的にも偏りがみられます。全国に暮らすこうした子どもや家庭に対して「彼らのためだけの特別な貧困対策」を展開することは現実的ではありません。自治体の関係者や民間支援団体関係者には当初からプロジェクトやその施策の内部に「日本語を母語としない対象者」の存在を想定し、アウトリーチ（発見）段階からの配慮を求めます。

3 所属なき言語難民——「既卒」のティーンエージャーたち

二〇一五年度（平成二十七年度）国勢調査の結果が、一七年四月二十六日に公表されました。この調査によると、外国籍をもち日本に暮らす十五歳から十九歳のハイティーン（十代後半）の子ども・若者は全国に七万四千五百十七人いることがわかりました。同年代の日本国籍をもつハイティーンは約五百八十九万人です。

同じように日本に暮らしている十代後半の子ども・若者ですが、彼らの現状を比べると大きな違いがみえてきました。

図9・10は、二〇一五年度国勢調査「就業状態等基本集計」の労働力状態（年齢別五階級）のデータから作成しました。日本人のハイティーンの場合、「通学」が七七・七％であり、「通学のかたわら仕事（六・六％）」を合わせると、おおむね八四％が高校または大学、専門学校などに通っています。

一方で、外国籍の場合、「通学」は四八・九％にとどまり、「通学のかたわら仕事（六・二％）」を合わせても、五五・一％にしかなりません。日本人の同年代と比べて学校に通っている割合が低いのが特徴です。また、外国籍のハイティーンは「労働力状態「不詳」」の割合が二五・五％（日本人は六・三％）と高いことも目立っています。

私たちが支援する海外ルーツの子どもたちは年間約百二十人にのぼりますが、このうちの二〇％程度

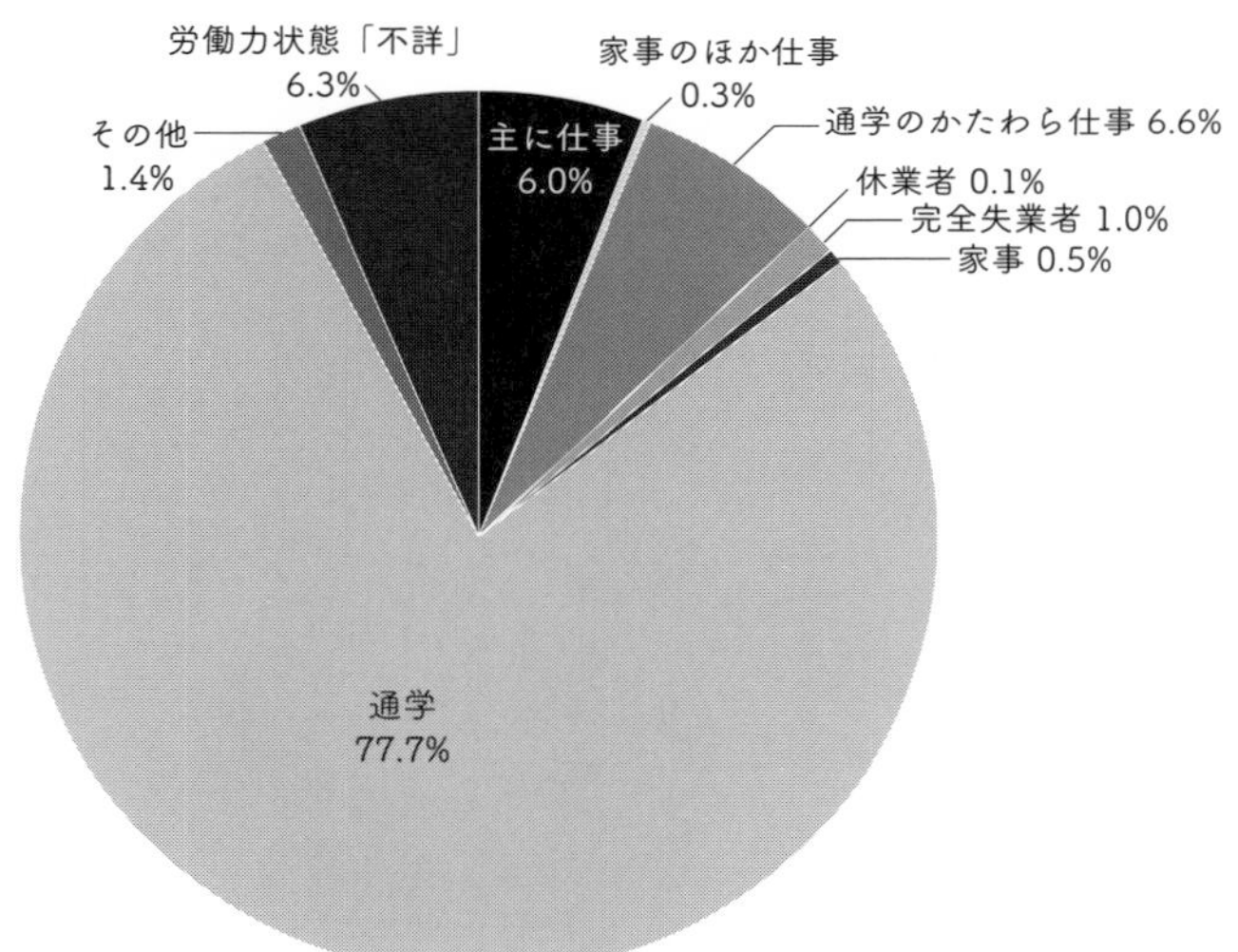

図9　15歳―19歳の日本人の子ども・若者の状況
（出典：2015年度国勢調査「就業状態等基本集計」〔https://www.e-stat.go.jp/stat-search/files?page=1&layout=datalist&toukei=00200521&tstat=000001080615&cycle=0&tclass1=000001095955&tclass2=000001100295&tclass3val=0〕［2021年4月10日アクセス］をもとに筆者作成）

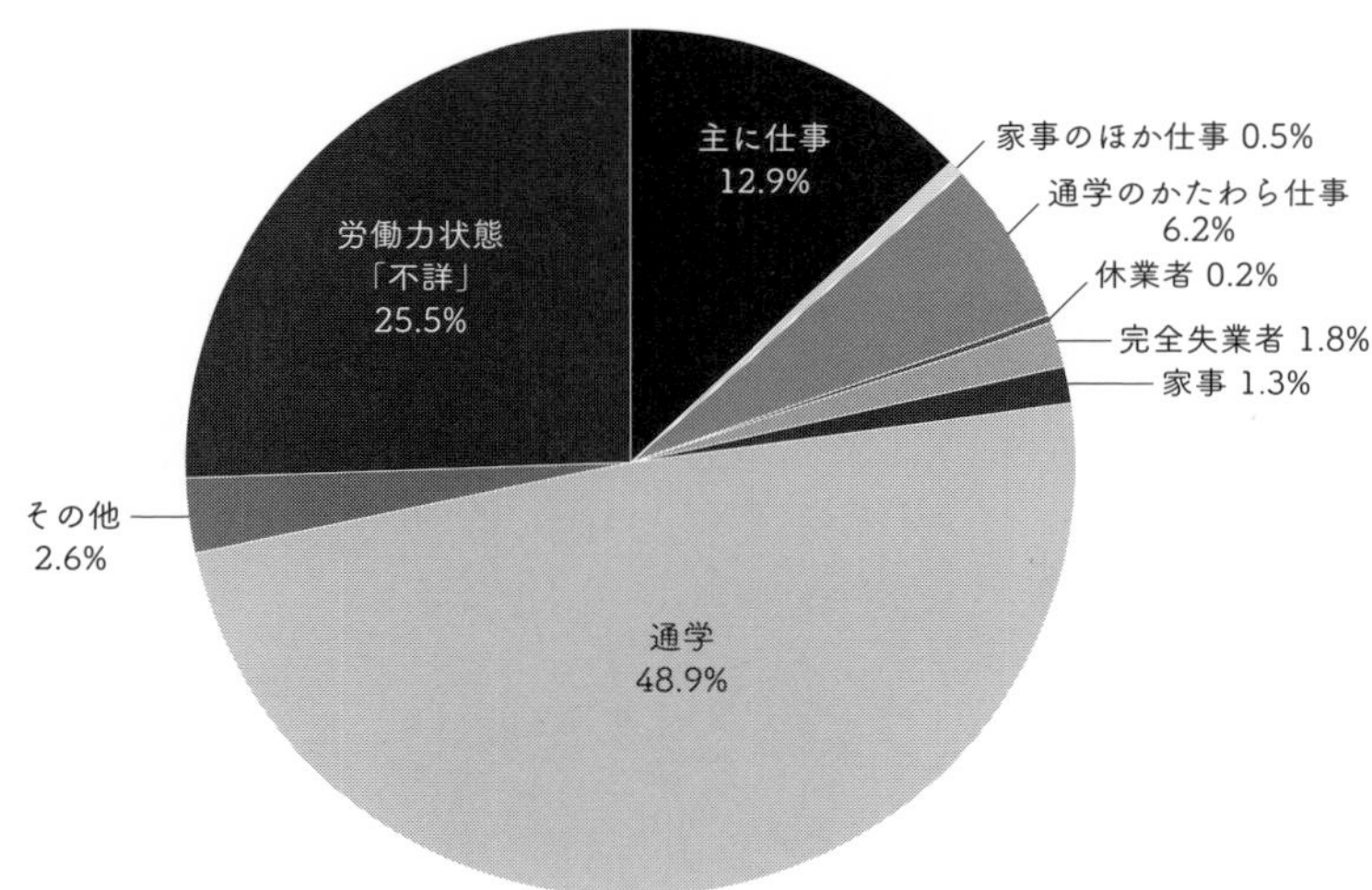

図10　15歳―19歳の外国人の子ども・若者の状況
（出典：同国勢調査をもとに筆者作成）

が、出身国（海外）で義務教育相当にあたる九年間の教育を修了したあとに来日した、十五歳以上の「既卒」の子どもたちです（日本国籍をもつ既卒者も含みます）。

年間を通して、この既卒の子どもたちが日本語教育機会と高校進学支援機会を求めて、私たちの支援現場へ続々とやってきています。その多くが、父親や母親が幼少期の子どもを親戚などに預けて来日し、経済的な基盤ができたあとや子どもたちの教育の節目（現地の中学校卒業など）などでわが子を日本に呼び寄せたというケースです。

来日直後の海外ルーツの学齢期の子であれば、日本の小・中学校への就学を通して行政とつながることができますし、学齢超過（義務教育年齢を超えた十五歳以上）であっても義務教育未修了者であれば、アクセス可能な地域に夜間中学がある場合、そこに就学することができます（とはいえ、まだまだ不十分な状況ではありますが、最近では義務教育修了者受け入れの動きも拡充方向に）。

また、日本語学校や大学への留学生の場合も、来日直後から「学生」としての所属を得ることができ、日本語学校などを通じて社会との接点が確保され、万が一の際には教育機関などが当事者を行政支援へつなぐことができます。

一方で、十五歳以上で来日した既卒の海外ルーツの子どもたちが日本国内での教育の継続（高校進学）を希望する場合には、無事に高校への進学を果たすまで、日本社会のなかで所属を得ることが困難であり、所属をもたないことで行政がその存在を把握できる機会が限られてしまいます。ＮＰＯなどの支援団体であっても、主たる対象者が「学齢期」の海外ルーツの子どもだけの場合はニーズに合っていなかったり、一カ月あたりの活動日数が少なく、十分な支援に至らなかったりしたケースもみられます。

高校受験に向けて作文練習をする生徒

冒頭の国勢調査で、二五％を超えた「労働力状態「不詳」」の十五歳から十九歳の外国籍の子ども・若者（数にして約一万九千人）のなかには、こうした所属をもたない子どもたちも少なくないのではないかとみています。

行政にも民間支援にも「つながりづらく」、どこからも「発見されにくい」状態で、さらに保護者の日本語力が不十分な場合などは、日本社会の制度などについて正確な情報を得ることが難しくなります。「外国人は日本の高校には行けないと思っていた」といった誤解が生じたり、いつまでも日本語を学ぶ機会を得られないまま進学も就労もできないような状態に陥ったり、社会から隔絶された日々を過ごすことも珍しくありません。

家庭のなかなどでトラブルがあっても、日本語が不十分な、社会経験が乏しいティーンエージャーが自ら声を上げることは難しく、発見が遅れるかそのまま埋もれてしまう危険性があります。

その一方で、いずれの枠組みからもこぼれ落ちている十代の子ども・若者たちが、日本語を学ぶこともできないままにこの日本社会で暮らしている実態があり、まずはその現状を把握し、社会が彼らの存在を認知する必要があります。

また、公立中学校内に設置されている日本語学級だけを利用できるようにするなど、現在ある枠組みであっても受け皿として機能できるような可能性を探り、具体的な取り組みを進めていくべきではないでしょうか。

4 海外ルーツの「呼び寄せ」の子どもと家族再統合

国を越えて移動する家族とその子どもたちには、言葉の壁や教育機会の不足といった課題以外にも直面する困難があります。その困難は家庭のなかで起こるため、なかなか周囲に気づかれることがなく、支援の必要性も認識されづらいものです。

「呼び寄せ」という言葉を聞いたことがあるでしょうか。「呼び寄せ」とは、外国人の親がわが子を親戚などに預けて来日し、その後日本での生活基盤ができたり、子どもの教育的な節目をきっかけに（小学校修了、中学校修了時など）ともに暮らすために、わが子を日本に呼ぶことです。

筆者が運営する現場で出会う子どもの多くはこの「呼び寄せ」と呼ばれる子どもたちであり、「親と同時期に日本へやってくる」子どものほうが珍しい存在です。呼び寄せの子どもたちとは、呼び寄せら

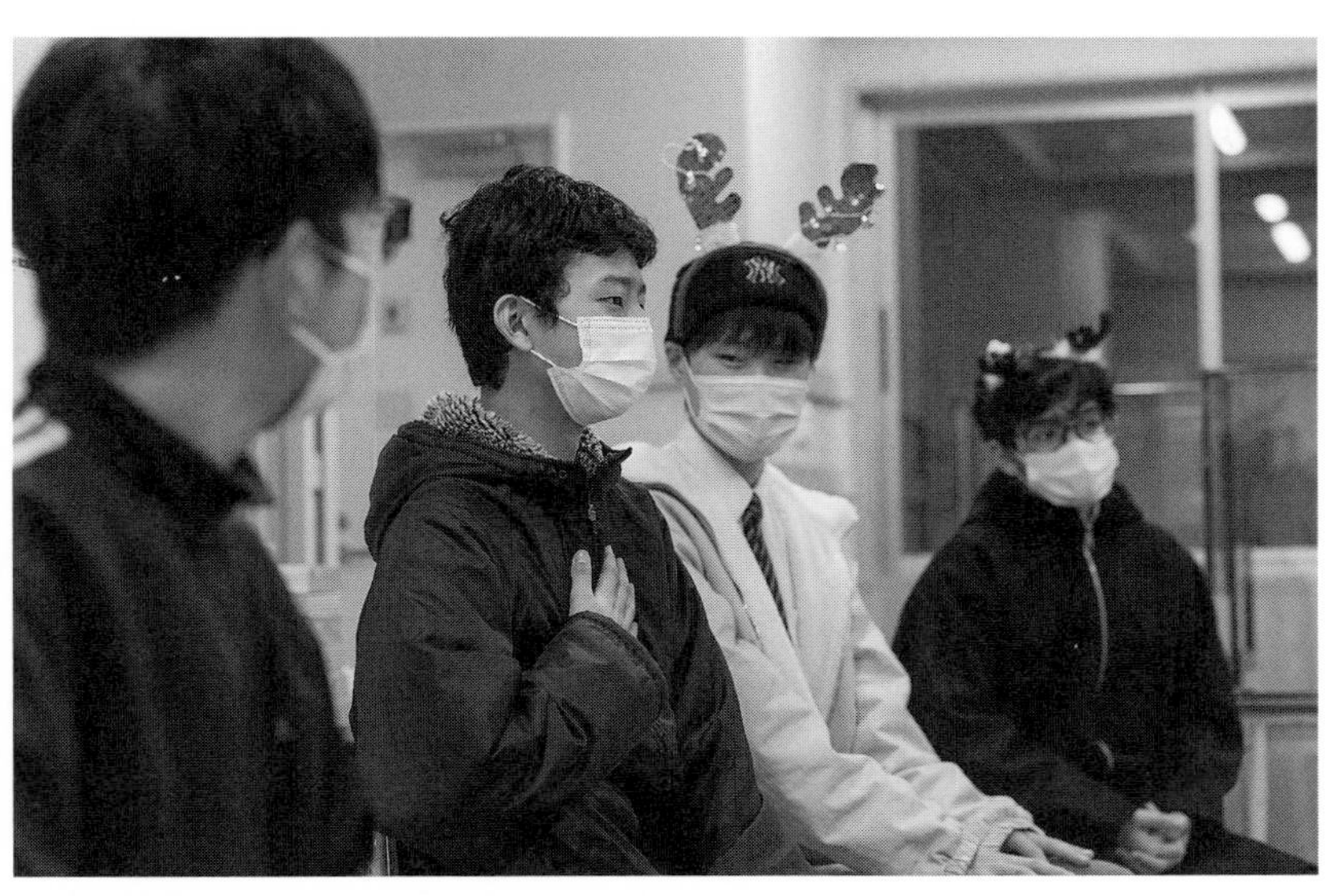
高校受験に向けて面接の練習をする生徒

れて来日した直後に出会うこともあれば、数年後に出会うこともありますが、こうした子どもたちに共通の経験は、「実の親と国をまたいで、離れて暮らした経験がある」ということです。

離れて暮らしている間、外国人保護者は日本で昼夜問わずに働き必死に暮らしを立て、わずかな収入のなかから多くを送金し、わが子を預けている親戚だけでなく、母国に暮らす親族全体の生活の面倒をみていることも少なくありません。

多忙で金銭的にギリギリの生活をしている人もいて、わが子に会うために帰国することがかなわないということも珍しくないなかで、生まれてすぐに親戚に預けられた子どもが中学生になって呼び寄せられるまで、一度も実の両親と会ったことがなかったというケースもあります。

親子が離れて暮らす間に預け先の親戚から丁寧に養育され、親が日本で身を削って送金するお金で十分な教育を受け、健やかに成長し来日する子どもたちもいるなかで、残念ながらそういう状況にはなく、さらに親と離れて寂しい思いをしてきた子どももいます。

やっとともに暮らすことができるようになり、「呼び寄せ」として来日した子どもたち。その成長ぶりを親戚から聞いてはいたものの、実際に会ってみると想像していたわが子とは違っていたことで親に戸惑いが生じることもあります。

久々に実の親と再会した子どもたちにとっても、戸惑いや不安は同じです。実の両親のもとに呼ばれた子どもたちであれば、それでも家庭のなかで母語での会話ができ、少なくとも意思疎通を図ることは可能です。日本社会の様子がわかってきたり、日本語が上達したり、新しい学校に慣れたりするうちに「家族」の絆を再び深め、愛情豊かに暮らしている子も少なくありません。

一方、実の父母が離婚し、日本人男性と再婚した母親に呼ばれた子どもなどは、新しい〝お父さん〟である日本人男性やその人との間に生まれた父親の違う弟や妹との関係構築からスタートしなくてはなりません。

さらに、家庭内の主たる言語が日本語になっているケースでは、家庭のなかでさえ言葉が通じず、安心できない環境になってしまう場合もあります。親子の間に気づかないうちに生まれていた溝や、新しい家族との関係構築がスムーズにいかず、家出を繰り返したり、強い反抗がみられたり、ひきこもり状態に陥ったりする子どももいます。そんな状況に直面した保護者のなかには、ともに暮らしたい気持ちはあるものの、「やはり一緒には暮らせない（暮らさない）」と決断し、子どもだけを再び母国の親戚のもとに帰す選択をする家庭もあります。

海外ルーツの呼び寄せの子どもたちと、その家族に対する再統合の支援は、実の親と離れて暮らしていた期間を経て、日本という「外国」でスムーズにその生活をスタートさせること。そして、親子の関係が再びまたは新たに構築され、愛情をもって支え合うことができるようにすること、をめざすようなものが必要とされるでしょう。

そうした支援を専門的におこなっていくためには、多様な専門家や地域の人たちによる関与が必要となる、繊細な領域にみえるかもしれません。実際に専門家の支援が必要なケースもあるとは思いますが、こうした呼び寄せの子どもとその家族に関する「気づき」から、必要とされる支援を見いだすことはできないでしょうか。現存する社会的資源——学校やボランティア団体、子ども家庭支援センターやソーシャルワーカーなどが「呼び寄せ家庭」に特有の課題に気づき、配慮を重ねていくだけでも、変化を生み出せる可能性はあります。

海外ルーツの「呼び寄せ」の子どもたちが、父親、母親とともに暮らせる心待ちにしていた日々を安心して送ることができるよう、日本語教育以外や学習支援以外の取り組みが少しずつでも広がっていけばと願っています。

5　外国人保護者の出産・子育て支援にサポートを

日本で長期に暮らす海外出身者の増加は、彼らの日本での結婚、妊娠・出産、子育てなどの機会増加

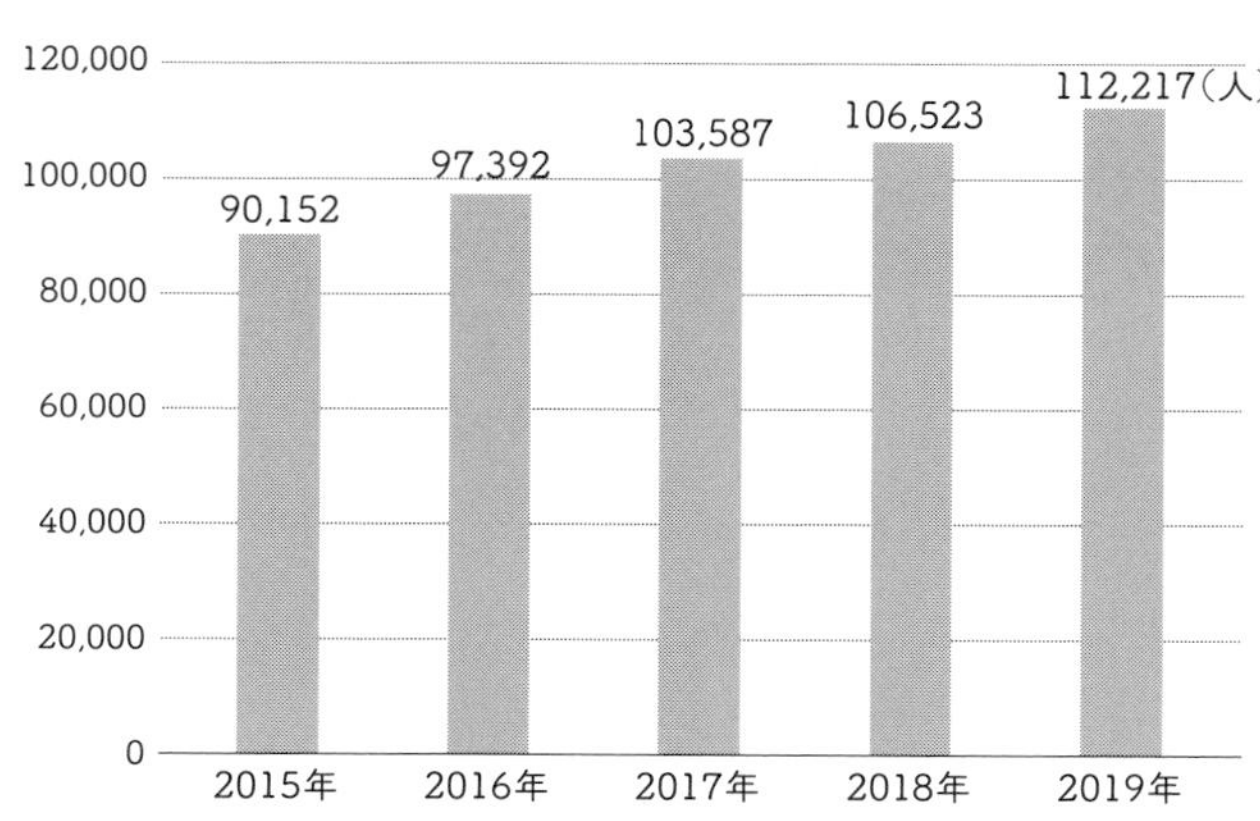

図11　0歳―5歳の外国籍の乳幼児数
（出典：法務省「在留外国人統計（旧登録外国人統計）統計表」〔http://www.moj.go.jp/isa/policies/statistics/toukei_ichiran_touroku.html〕［2021年4月10日アクセス］をもとに筆者作成）

にもつながり、日本国内で一年間に生まれる赤ちゃんのうち三十人に一人が両親のどちらか一方が外国人である、海外ルーツの赤ちゃんです。

日本は少子・高齢化がどんどん進んできていますが、海外ルーツの乳幼児の数は増加を続けています。図11は、二〇一五年から一九年の外国籍の乳幼児の数の推移を表したものです。この五年間で、外国人の赤ちゃんと幼児が二万二千人以上も増えていることがわかります。

日本国内で外国人保護者が直面する子育ての大変さとは

①水で溶いた粉ミルクを夏場に何時間も持ち歩いたAさん

日本で妊娠・出産を経て、初めての子育てに挑むAさん。Aさんには日本人の配偶者がいるものの、子育てに協力的でないことに加え、同国出身者同士のつながりもなく、孤立状態にありました。ある日、Aさんの赤ちゃんは感染症にかかり、入院・治療することになってしまいました。その原因になったのが、水道水で溶いた粉ミルクが入った哺乳瓶を夏の炎天下で何時間も持ち歩き、生後数カ月の乳児に断続的に与えていたことでした。

Aさんのような外国人保護者は、日本という言葉が通じない、文字を読むこともできない外国での生活のなかで、妊娠と出産を乗り切って育児をしなくてはなりません。情報源が限られる孤立した状況下での子育ては、母子ともに心身に不安とリスクを伴います。

②保育園でのアドバイスがもとになってわが子との共通言語を失ったBさん

Bさんは、中学生の子どもを育てるシングルマザーです。子どもが小さいころ、保育園で「日本語が上手でないため、お友達とうまくコミュニケーションがとれていない。お子さんの日本語が早く上達するように、家でも日本語で話しかけてあげてください」と言われました。

それ以来Bさんは、家庭内の言葉を母語から日本語に変更し、あまり上手ではない日本語で子どもを育ててきました。子どもが小さいころは限定的な日本語力でも、子どもと何とかコミュニケーションをとることができていましたが、子どもが成長するにつれて、わが子が話す日本語がわからなくなってしまいました。

また、子どもも日本語が上手になっていくのと引き換えに、Bさんが話す母語を理解できなくなり、いまではごく簡単な日本語の会話以外、共通言語を失ってしまいました。

この二人のケースでは、もし彼女らが正しい知識や情報を得る機会があれば、あるいは、彼女たちと接点があった保健師、産院スタッフ、保育士などから適切な情報提供がなされていれば、こうした事態を防ぐことができたかもしれません。

「いつか、帰らない」ことを前提とした支援体制の構築を

外国籍の〇歳から五歳の乳幼児の在留資格をみると、特別永住者、永住者、定住者、永住者の配偶者など、いずれも長期間の日本国内での滞在が可能な資格を有する子どもが半数以上を占めています（図12）。

なかにはいずれ帰国する可能性がある子どもも含まれているとは思いますが、近年の定住・長期滞在傾向が全体的に高まっていることを考えれば、その子どもたちがこのまま日本国内で成長し、学校に通い、日本で成長期の大半を過ごすことを前提に支援環境を整備する必要があるといえます。

現在、外国人保護者の出産と子育てを支える活動が少しずつ広まっています。特に日系人が多く暮らす愛知県では、二〇一三年には母語の大切さを啓発するパンフレット「母語教育サポートブック『KOTOBA』――家庭／コミュニティで育てる子どもの母語」[3]を多言語で制作して、母語の役割や家庭での母語育成の実践事例などを掲載しています。また、一八年には外国人保護者に向けた子育て支援ブック「あいち多文化子育てブック～あいちで子育てする外国人のみなさまへ」[4]を制作しました。五言語で妊婦検診や乳幼児健診、予防接種や子どもの言語習得についてなど、妊娠から保育園・幼稚園への入園時期までに必要な子育て情報を掲載して、無料で配布しダウンロードを公開しています。

また、かながわ国際交流財団は「外国人住民のための子育て支援サイト」[5]を開設しました。多言語の子育てに関するガイドブックだけではなく、支援者が外国人住民の妊娠から子育てまでを支援する事例集や資料などを公開し、母子保健での「多文化対応」を学ぶための研修なども実施していて、地域のな

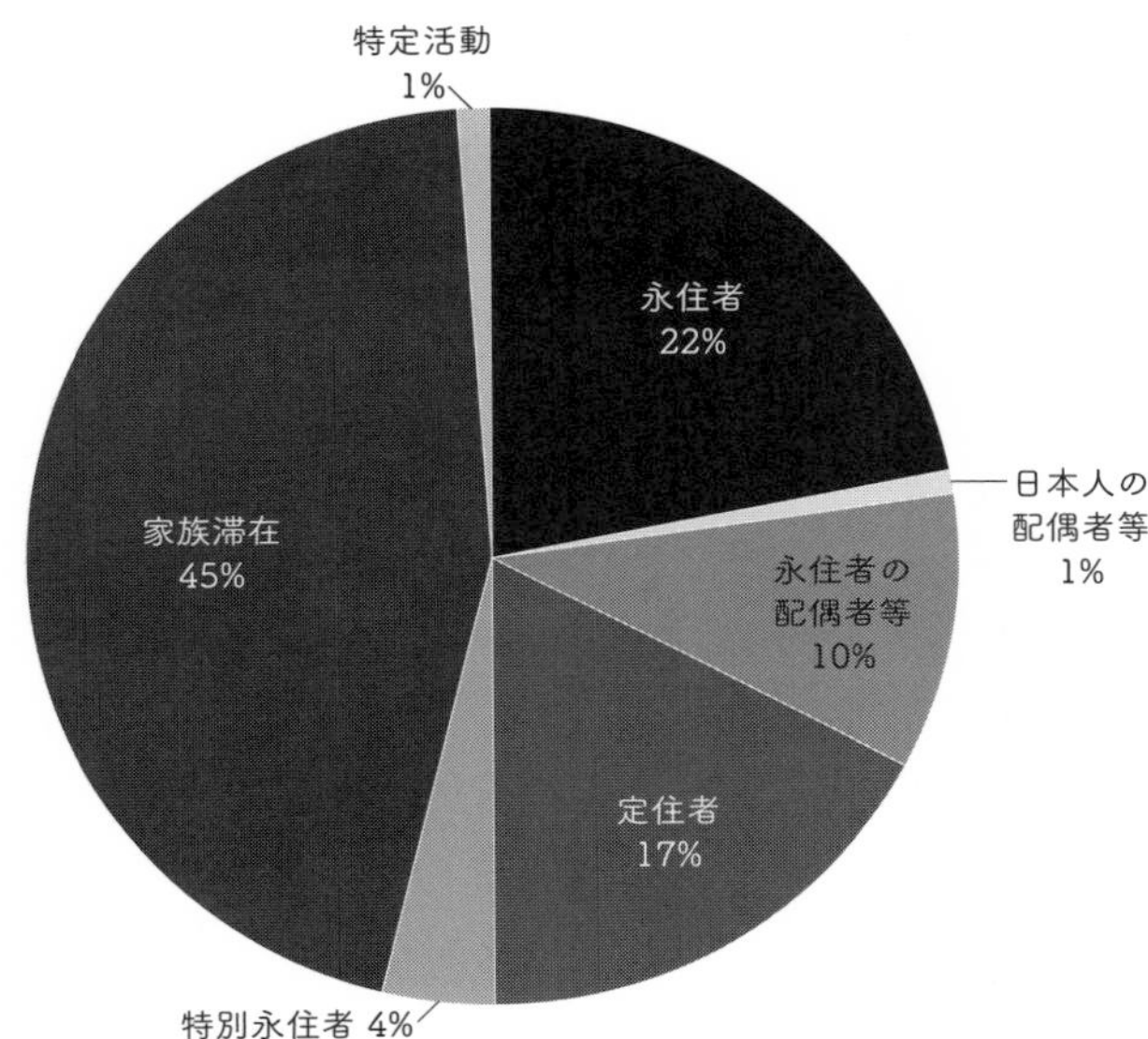

図12　0歳—5歳外国籍乳幼児在留資格内訳
（出典：同ウェブサイトの2016年12月版をもとに筆者作成）

かでともに子どもを育てようとする思いが伝わってきます。

このほか、地域の子育てサークルで海外ルーツの保護者を応援しようとする取り組みや多言語で日本語の絵本を紹介する取り組みのほか、市民活動団体やＮＰＯなどによるサポートもこの十年間でだいぶ増えてきました。政府の方針や自治体の施策の有無にかかわらず多様な人々がともに暮らしているという事実が、人々の間で認識され始めているのかもしれません。

海外ルーツの子どもと出会ったら

さて、本章の終わりに、いまはまだ海外ルーツの子どもと関わりがあまりないけれど、これから学習支援の場に参加したいと考えていたり、あるいは学校や地域のなかなどでそうした子どもたちと接点があるけれどどうしたらいいかわからないという段階だったりする人たちのために、これだけは知っておいてほしいことを紹介します。すでに前章までに述べた内容も含まれていますが、あらためてまとめますのでぜひ覚えておいてください。

①日本語は日本語だけで指導可能

よく、日本語が話せない子どもと出会うと「その子どもの母語が話せる支援者が必要」だと思っている人がいますが、日本語教育という点では、日本語だけで日本語を教える「直接法」という方法で支援が可能です。母語のサポートの重要性はもちろんですが、「母語がわからないから、何もできない」と考えるのは早計です。

②聞くだけで日本語が上達できるのはおおむね十歳くらいまで

こちらは前述のとおりですが、「子どもだから耳で聞いてすぐに言葉を覚える」という方程式が成立するためには一定の要件が必要です。そのうちの一つが年齢的な制約で、聞いているだけで外国語である日本語を習得するのは十歳くらいが限度だといわれています。

もちろん個人差があり、その子どもの性格や特性や環境などによって、十歳を超えたら絶対に自然習得ができないかといわれるとそうではありませんが、おおむね十代に入ってからは「文法」などを用いて体系的に日本語を学んだほうが習得が早く、読み書きもスムーズであるケースが大半です。

③日本語ペラペラまで二年、勉強スラスラまで七年

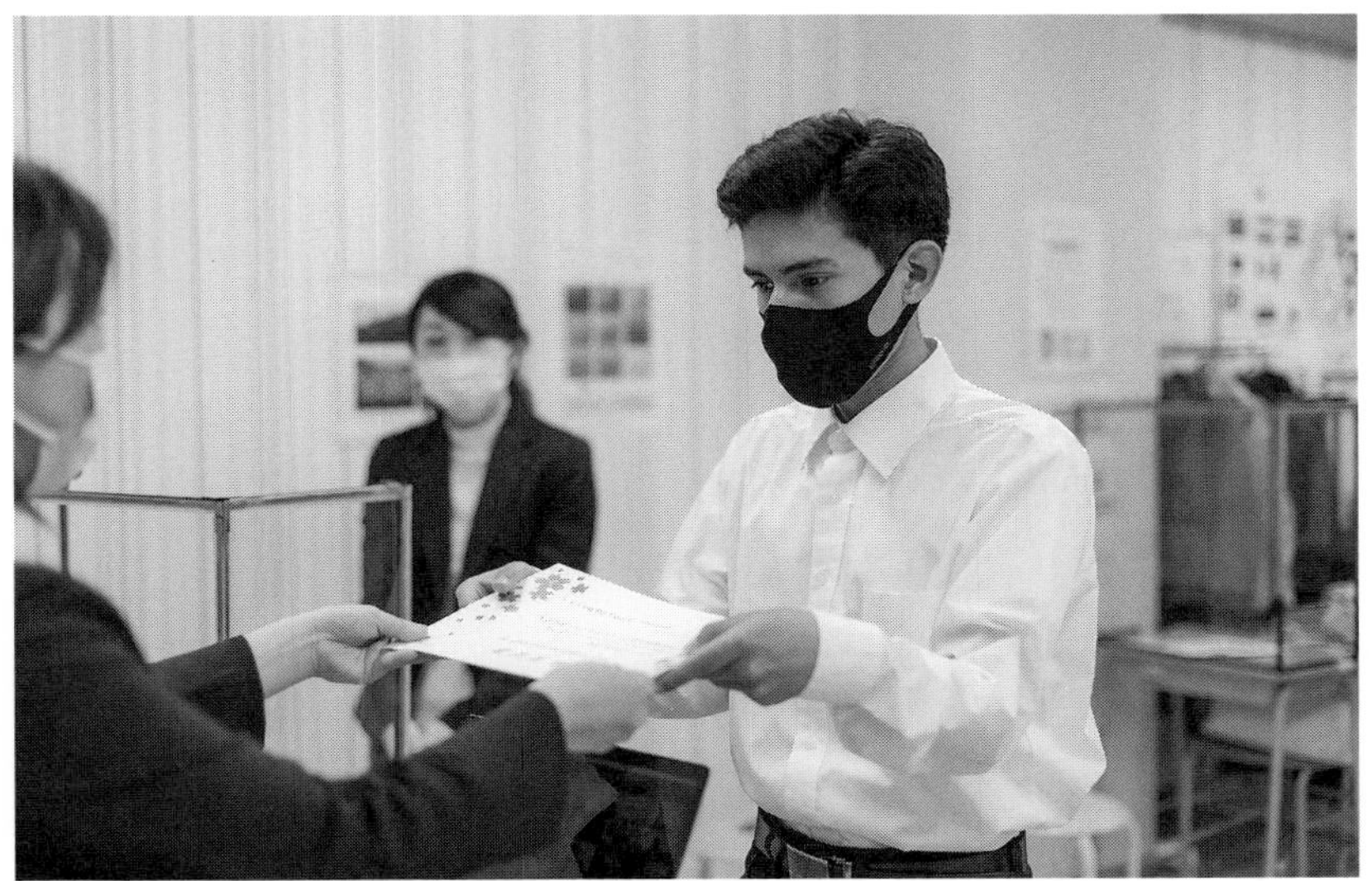

代表田中から卒業証書を受け取る生徒

卒業式で代表田中から卒業生へのメッセージ

毎年一年間の思い出をコラージュ作品として残す

意思疎通が可能になり、日常生活に困らないくらい日本語ができるようになるまでにはだいたい一、二年くらいかかりますが、「日常会話がペラペラであること」と「学校の勉強が理解できるくらいの日本語の力があること」の間には大きな溝があります。

つまり、周囲からの日常的な問いかけに対して不自由なく応えることができるようになった子どもであっても、必ずしも学習するための日本語の力が十分であるとはかぎらず、例えば日本語でペラペラ話しているのにテストの点が悪いという生徒の場合でも、本人が勉強を怠けている／勉強ができない子どもであるとはいいきれません。

④日本語指導が必要な、日本国籍をもつ子どもが増えている

日本語を母語としない子どものうち、日本語がわからない日本国籍をもつ子どもたちが増えています。外国籍の日本語がわからない子ども同様に、「日本

語でペラペラと話している」ようにみえても、日本語の力が十分でないケースがあります。こうした子どもたちの場合、日本名であることも多く、日本語に課題があることに気づかれないことも少なくないため、ぜひ気をつけておきたいところです。

⑤母語の発達が様々な点で重要

特に学齢が小さな子どもの場合で、日本語の力が十分でないと、周囲の大人が「子の日本語が早く上達するよう、家庭でも日本語を」とアドバイスしてしまうケースがありますが、かえって母語の力を弱めてしまうことになりかねず、結果として日本語の上達を阻害する可能性があります。

母語と外国語（第二言語）との関係はまだ明らかになっていないことも多いのですが、筆者が現場で支援してきた事例をみるかぎりでは、母語がしっかりと確立されていればいるほど、第二言語としての日本語もスムーズに上達しやすい傾向がみられます。

また、海外ルーツの子どもの保護者のなかには、日本語ができない、あまり上手でない人も少なくありません。子ども自身が日本語だけで育つことによって、ある程度成長した段階で外国人保護者と親子間で会話が成立しない（言葉が通じない）事態を招く危険性を考えても、可能なかぎり家庭のなかで母語の力を育成してもらう、そのためにどのようなサポートができるかを考えたほうがいいでしょう。

⑥「障害かも？」と感じたら

第２章で述べたように、複数の言語環境のなかで育つ子どもの言葉の発達には、母語と第二言語（この場合は多くが日本語）との関係やバランスが大きく関与していたり、出身国で教育機会へのアクセスがどの程度あったか、などの背景をまずは知るようにしてください。また、日本に先にやってきて働いていた保護者と、親戚に預けられて外国で育った子どもとが「十年以上ぶりに一緒に暮らし始める」ということもよくあります。この場合は、保護者が思い描いているわが子の姿と、実際の子どもの性格や状況、考え方が大きく異なる可能性もありますので、家族への聞き取りではそのことも踏まえておく必要があります。

いずれにせよ、結論を急がずに、時間をかけてその子や保護者と向き合っていくことが大切な一歩になります。一方で、本来は障害があって特別な支援を必要とするにもかかわらず、日本語がわからないだけだと見過ごされて、適切なサポートに長期間つながることができなかったという子どももいます。医療や福祉だけでなく日本語教育の専門家らとチームを組んで、子どもの状況や環境をていねいに把握したうえで、多様な切り口から関わりをもてるといいのではないでしょうか。

（＊本稿はＮＰＯ法人・夢職人の、子どもと若者の成長を支えるウェブマガジン「ひみつ基地」二〇一七年六月号（Vol.52）に寄稿した「子育てに行き詰まる外国人保護者の苦悩――増加し続ける外国にルーツを持つ乳幼児！遅れる子育て環境の整備」に加筆・修正したものです。）

注

（1）厚生労働省「二〇一九年 国民生活基礎調査の概況」（https://www.mhlw.go.jp/toukei/saikin/hw/k-tyosa/

k-tyosa19/index.html)［二〇二一年四月十日アクセス］

（2）髙谷幸／大曲由起子／樋口直人ほか「２０１０年国勢調査にみる在日外国人の仕事」「岡山大学大学院社会文化科学研究科紀要」第三十九号、岡山大学大学院社会文化科学研究科、二〇一五年

（3）愛知県「母語教育サポートブック『KOTOBA』――家庭／コミュニティで育てる子どもの母語」(https://www.pref.aichi.jp/soshiki/tabunka/0000060441.html)［二〇二一年四月十日アクセス］

（4）愛知県「あいち多文化子育てブック〜あいちで子育てする外国人のみなさまへ（3）」(https://www.pref.aichi.jp/soshiki/tabunka/kosodate-book.html)［二〇二一年四月十日アクセス］

（5）かながわ国際交流財団「外国人住民のための子育て支援サイト」(http://www.kifjp.org/child/supporters)［二〇二一年四月十日アクセス］

第5章　多様な人々がともに生きる社会へ

数年前からメディアで「ハーフタレント」や「外国人タレント」「ハーフアスリート」の人たちの活躍を目にするようになりました。彼らのなかにも、日本で生まれ育つか、ごく幼いころに来日して日本国内で育ってきた人たちは少なくありません。

その活躍に比例するように、過去にいじめや差別を受けた体験のカミングアウトも注目を集めるようになりました。二〇一五年に「ハーフ」として初めてミス・ユニバース日本代表に選出された宮本エリアナさんによる発信を皮切りに、海外ルーツの著名人、インフルエンサーらが次々と過去に経験してきたいじめについて言及したことで、「ハーフ」や海外ルーツの子どもたちの苦しみを初めて知ったという人も当時は多かったように思います。

なかには過去のつらかった体験を「笑い」として語っている芸人やタレントもいます。こうした「海外ルーツの〝元子ども〟」である人たちの告白やアクションによって、現在進行形で道が切り開かれ、少しずつ変化の兆しを感じます。二〇二〇年、アメリカ国内でアフリカ系アメリカ人のジョージ・フロイドさんが白人警察官に首を圧迫されて死亡した事件を受け全米に広がった抗議運動ＢＬＭ（ブラック・ライヴズ・マター）は、テニスプレイヤーの大坂なおみさんによる勇気あるマスクメッセージも話題になって日本国内にも少なからず影響を与えました。特に若い人や企業を中心にして、人種差別問題に対する関心も高まり始めています。

一方で、現場で出会う子どもたちは、学校をはじめとする日本社会でいじめや差別を経験していることが少なくありません。

外国出身者の父と母の間に、日本で生まれたＣさん。外国籍ではありますが、日本で育ち、自らのルーツがある国には一度も行ったことがありません。自由に話したり読み書きしたりできる言葉は母語ではなく、日本語です。日本の保育園、公立小学校、公立中学校と進み、スポーツが好きで、休日も部活に励む、どこにでもいる中学生です。

中学校に入学したあと、先輩から「ガイジン」であることを理由にいじめを受けました。「自分の国に帰れ」「税金勝手に使ってんじゃねーよ」と言われ、自らのアイデンティティについて深く悩むようになったといいます。

彼のように「自分の国に帰れ」と言われるのはよくあることで、このほかにも肌の色を「汚い」と言われたり、外国出身の自分の親のことをばかにされたり、と「ハーフタレント」や「外国人タレント」が告白した彼らの経験とまったく同じようなことがいまなお繰り返されています。そしてそれは、子どもたちに限らず、主にインターネット上で日本社会の大人の間にもみられていることには、強い憤りを感じます。

このような極端なケースばかりではありませんが、多くの海外ルーツの子どもたちの保護者が学校でのいじめや差別を心配し、不安を抱えています。そして実際に差別やいじめを受けた子どもたちは、日本社会に「居場所」が見つけられずに苦悩し、心身ともに傷ついています。こうした経験が積み重なった結果、自ら命を絶ってしまったり、他者を傷つけてしまったりといった悲しい出来事につながることも皆無ではありません。

いくら「受け入れ体制」を整え、外国人が日本社会に「適応」できるように支援したところで、このような「心の壁」が立ちはだかっていては、多様な人々がともに生きる共生社会の実現には至りません。

外国人受け入れが日本社会にとって避けられないことであるならば、受け入れ側である私たちにも、彼らとともに生きていくための変化が求められています。

「ダイバーシティトイズ」という言葉を聞いたことがあるでしょうか。例えば女の子が手に取るような人形は八頭身のスラリとした体形で肌は白く、瞳が大きくその色は薄いといった白人女性がモデルになるものが身近です。しかし、子どもたちがこうした人形から受け取るメッセージは特定の人種や身体的特徴を「美」として提示していて、自らを投影するには無理が生じる場合や、受け取るメッセージに偏りがみられる場合があります。

ダイバーシティトイズでは、例えば、少しふくよかな体形の人形やアジア人をモデルとした人形、車いすに乗った人形などのほか、こげ茶色、赤茶色、薄だいだい色といった「肌色」ばかりを集めたクレヨンなど、私たちの身近に確かに存在する多様性をおもちゃの世界に反映させた商品が開発されています。これらのおもちゃを通して、子どもたちが自分や周囲の多様性に対する感性を磨き、多様性を当たり前として受容する力を育むことができるのではないかと、その取り組みに注目が集まっています。

いわゆる「日本人〝らしく〟ない」存在に対する差別や偏見は長い間日本社会で繰り返しおこなわれ、次世代へ次世代へと受け継がれてきてしまったものでもあります。「日本人」が少子・高齢化のなかで減少し続けている現在、「外国人」や海外にルーツをもつ人たちとともに生きる共生社会ニッポンの未来に向けて、私たちはすでに何歩も歩みだしている状態にあります。ここから引き返すことは現実的ではなく、前に進むために何が必要かを現実的かつ具体的に考えながら社会を動かしていく必要があります。「日本人」か「外国人」か、「らしい」か「らしくないか」の線引きをして差別・偏見をこれから先の世代にも引き継ぐようなあしき循環は、私たちの世代で終わりにしなくてはなりません。

海外にルーツをもつ著名人らの勇気ある発信も、ダイバーシティトイズのようなささやかな試みも、いますぐに目に見えてわかるような変化を生むわけではありません。しかし、少なくともいま私たちがその重要性に気づいて取り組みや工夫を重ね続けることで、次の世代やそのまた次の世代には、「らしさ」に縛られず、縛り合う必要がない環境を子どもたちに手渡していけるのではないかと信じています。

本章では、その実現に向けての提案やアイデア、現在進行中の政策や取り組みなどを紹介します。個人ですぐに取り組めることもたくさんありますので、読者のみなさんの日々のなかに少しずつ取り入れてみてください。一人ひとりの行動を積み重ねて、誰ひとり取り残さない、誰ひとり取り残されない未来へ歩みを進めていきましょう。

1　子どもや外国人にもわかりやすく――ＮＨＫの津波警報で注目の「やさしい日本語」とは

二〇一六年十一月二十二日、福島県沖を震源とするマグニチュード七・四の地震が発生して津波警報が発令されると、ＮＨＫの画面上には「つなみ！にげて！」というひらがなの文字がテロップで流れました。また、副音声とＮＨＫラジオ第2では、英語、中国語、韓国語、ポルトガル語の多言語での緊急警報放送が実施され、東日本大震災（二〇一一年）での経験が教訓として生きていると話題になりました。ＮＨＫの「ひらがなテロップ」は、一三年三月から、新しい津波警報放送として運用がスタートしました。また、同年五月には「NHK WEB EASY」という「やさしい日本語」を用いたニュースサイトが公開されるなど、難しい日本語がわからない子どもや外国人を対象とした外国語翻訳・通訳だけではない、新たな情報伝達の方法が注目を集めています。

もともと、この「やさしい日本語」は阪神・淡路大震災（一九九五年）のときの経験をもとに、日本語も英語も十分にわからない外国人に必要な情報をわかりやすく提供し、適切な避難行動がとれるように考え出されたものです。

その後発生した東日本大震災でも、「避難」や「高台」といった日常ではあまり使われない日本語が理解できず避難が遅れたり、避難所での生活に困難を抱えたりする外国人が少なくありませんでした。このような経験から、「やさしい日本語」という考え方が防災を中心に急速に広がり始め、いまでは行政や外国人支援団体などによって、日本語を母語としない外国人に情報を伝える手段として積極的に採用され始めています。企業によるやさしい日本語活用の取り組みも始まりつつあり、多言語情報発信時のひとつの「言語」として定着し始めています。

さて、「やさしい日本語」を活用するメリットは多岐にわたりますが、大まかにいうと以下の三点を挙げることができます。

①コツさえつかめば、誰にでも取り組むことができる。

「やさしい日本語」の「やさしさ」はおおむね小学校二、三年生程度の日本語です。ただ、小学生の子どもに話しかけるようにすると逆にわかりづらくなってしまうこともあり、いくつかのコツを知る必要があります。

例えば、以下のような文章の場合――。

「明日は降雪のため、交通機関が乱れる可能性がありますのでご注意ください」

これを次のように直してみます。

「明日は雪がふります。電車やバスが遅れるかもしれません。気をつけてください」

伝えたいことの趣旨は変わりませんが、文章を短く区切ることや、簡単な言葉に言い換えるなどの工夫で、ぐっと平易な日本語にすることができました。

②コストがあまりかからない。

いま、日本国内に在留する外国人の数は約三百万人になり、その出身地や国籍の数は百九十を超えます。主要言語だけにしても、すべての情報を翻訳して伝えるには膨大な予算や人員を必要とするため、多言語化での情報伝達は限定的でした。「やさしい日本語」の利用は、情報発信側にとってもコストをあまりかけずに取り組むことができる点が大きな利点です。

③防災だけでなく、生活のあらゆる場面に応用できる。

もともとは防災・減災の観点から生まれたやさしい日本語ですが、現在では自治体が外国人住民に生活に関わる情報を提供するときや、外国人観光客への対応にも応用され始めています。また、日本語を母語としない人たちの支援をする団体でも、日常的なコミュニケーション手段として積極的に活用しています。

やさしい日本語の活用と同時に考えておきたいこと

やさしい日本語のレベルは小学校二、三年生程度と前述しましたが、日本語を母語としない人にとって、このやさしい日本語を理解するためには、おおむね千五百語の日本語のことば（語彙）と三百の漢字の知識とが必要で、そのレベルに到達するまで三百時間くらいは日本語教育を受ける必要があります。最低限、「やさしい日本語が理解できるまでの日本語教育」を保障する必要がありますが、それをしないままの状況で、便利だからとやさしい日本語の活用だけが先走ると、日本語学校に通う時間や金銭的余裕がないなどより困難な状況にある「マイノリティーのなかのマイノリティー」が情報弱者として取り残されかねません。また、医療や福祉などの複雑な、しかし重要な事柄を伝える必要がある場面では、必ず専門性がある通訳や翻訳を利用して正確な情報伝達とコミュニケーションを担保する必要があります。

また、海外ルーツの子どもに関していえば、第2章で紹介したSさんのように、家族やコミュニティーのなかで「いちばん日本語ができる」存在として、子どもが大人のために通訳として同席しなくてはならない状況が多発しています。日本語がわからない保護者と自治体の窓口に行って生活保護の申請のための手続き時に通訳したり、親の病気を医者から伝えられて子ども自身の口で親に告知しなくてはならないときなど、その心理的な負担は計り知れません。また、「そこまでではない」と大人にとっては思えるような気軽な場面、例えば学校の先生と保護者との間を取り持つようなことでも、子どもにとっては負担を感じるものなのです。

近年、光が当たるようになったこのヤングケアラーの問題。厚生労働省のウェブサイトには、日本ケアラー連盟による「ヤングケアラー」の事例を掲載しています。[1]そこでは、十八歳未満の子どもが「大人が担うようなケア責任を引き受け」ることとして、家族の代わりに幼いきょうだいの世話をする、病気があるきょうだいの見守りをする、介護を担うなどのケースに加えて、「日本語が第一言語でない家族や障がいのある家族のために通訳をしている」とも記載しているのです。

もし身近に、同じように家族のために通訳として奮闘する海外ルーツの子どもがいたら、それが子どもにとってどれほど負担を強いられることなのかを理解し、その状況が変えられるように声を上げてください。また、どのような場面でも気軽な気持ちで子どもに通訳させることは避けて、専門通訳や翻訳の利用を推進したり、日常的なコミュニケーションであればやさしい日本語や翻訳アプリを活用したりするよう、気にかけてください。自分の力で言葉の壁を乗り越える工夫ができる人が増えれば、海外ルーツの子どもたちもその保護者も、安心して過ごせる環境が広がっていきます。

2　ことばのバリアフリー

ここ数年で「やさしい日本語」の存在感が増してきました。それに伴って、このやさしい日本語が外国人や海外にルーツをもつなどで日本語を母語としない人たちにとってわかりやすいだけでなく、子どもや高齢者、障害者にとってもやさしい言葉であることが少しずつ認識され始めています。

たとえば参政権は憲法で日本国民に保障された権利で、障害の有無にかかわらず有権者は誰もがその権利を行使することができます。

これまでも選挙時には必要に応じて代理投票や点字投票などの制度が設けられてきましたが、さらに体が不自由な高齢者や障害者が投票しやすいよう、移動費用を国が負担する規定を新設したり、また候補者の演説内容を文字で要約して筆記する際に要約筆記をする人員への報酬が支払えるようになりました。

政見放送では手話通訳や字幕をつけることが可能になり、選挙公報を点訳・音訳で配布する取り組みなどもおこなわれています。各地域の選挙管理委員会のウェブサイトでは、音声読み上げに対応したり、文字を拡大したりができるなどの配慮がされていて、特に投票所へのアクセスや投票行動に対するサポートなどを中心にして選挙のバリアフリー化は前進しつつあるようにみえます。しかし、政見放送の手話通訳や字幕が義務規定ではないことへの違和感を訴える声もあり、放送によってはどちらもなく、政見の比較ができない状況もいまだにみられます。

投票所に行くということのバリアだけでなく、各党の政策を集め、比較し、どの政党や候補者に自らの一票を託すかを判断するために必要な「票を投じる前」の作業にはバリアがまだまだ存在しているようです。

海外ルーツの日本人で、日本語を母語としないために政策情報に関する難しい日本語がわからない有権者など、現時点ではその存在さえ一般に認識されていないバリアもあります。

日本語を母語としない、海外ルーツの日本人有権者が国内外を含めて何人いるのか、具体的にそれを知る手掛かりはありません。ただ、現時点ですでに日本国籍をもつ、日本語指導を必要とする子どもたちは、日本の公立学校にだけでも一万人以上が在籍していて、この十年でその数は二倍に増えています。彼らは数年のうちに有権者として政治に参加する権利をもつことになりますが、政治に参加するのに十分な日本語の力を育む機会はいま百％行き渡っているとはいえません。

これまで様々なバリアのために政治参加・選挙参加が困難だった有権者に対する一層のバリアフリー化を進めることの必要性と同時に、多様化する「日本人有権者」が直面するバリアにも目を向ける必要性が今後一層高まってくるのではないかと考えています。

例えば各政党のマニフェストや選挙公報を「やさしい日本語」で配布することは、難しい日本語がわからないすべての有権者にとってアクセシビリティを高めるだけでなく、未来の有権者を育むという点でも有効かもしれません。

マジョリティーの有権者の間で選挙への熱が高まるなかで、マイノリティーが抱えている困難は一層みえづらくなり、その声も小さくなりがちです。でもその小さな声こそ、政治に反映することが必要なのではないでしょうか。

3　二〇二〇年代の新成人たちへ——共生社会に向けて若者こそが担える役割とは

二〇二一年一月に成人の日を迎えたのは百二十四万人で、このなかの約十二万人は外国籍をもつ若者でした。[2]

日本国籍をもっているけれど、両親またはどちらか片方の親が外国人である「ハーフ」や「ダブル」の人たちの数を把握することはできませんが、こうした若者を合わせて「外国籍または日本国籍をもつ日本語を母語としない新成人の数」とすると、もっと多くなることが考えられます。

①留学生

図13は、二〇二〇年六月末の時点で日本国内に在留する、十九歳と二十歳の外国人約八万七千人がどのような在留資格で日本国内に滞在しているのかを表しています。

日本人の二十歳の若者が外国へ長期間にわたって滞在する際は「留学」が主な渡航目的ですが、日本で暮らしている二十歳の外国籍の若者たちの間でも、日本滞在の資格として最も多いのはやはり留学生でした。その数、全体の三九％にのぼっています。

②事実上の「移民」——永住・定住者

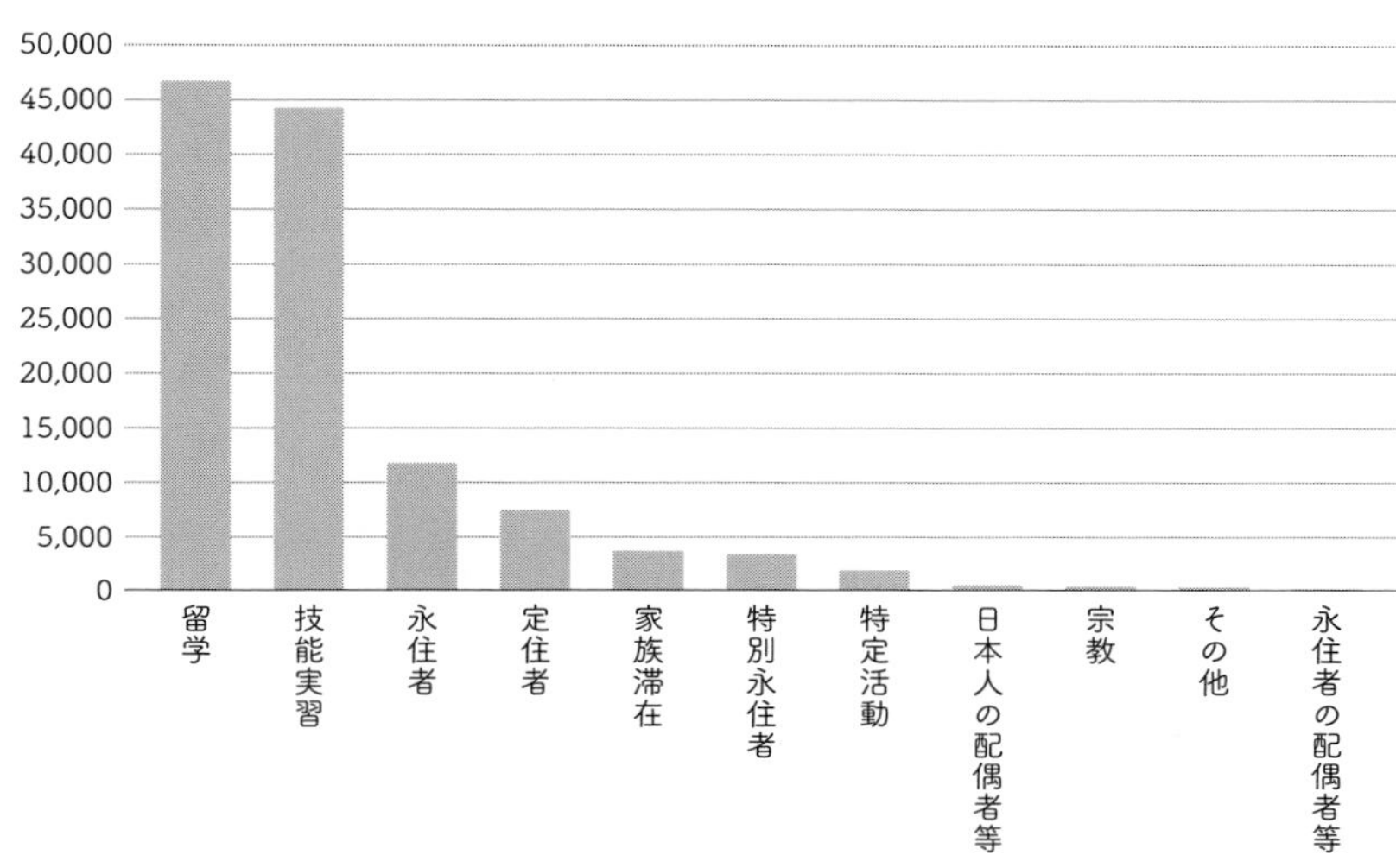

図13　2020年19・20歳外国籍者在留資格内訳
（出典：法務省「在留資格別年齢・男女別在留外国人」〔「在留外国人統計（旧登録外国人統計）統計表」（http://www.moj.go.jp/isa/policies/statistics/toukei_ichiran_touroku.html）［2021年4月10日アクセス］〕の2020年6月末時点の19歳・20歳11万9,935人を抽出して筆者作成）

また、一つひとつは大きな割合ではありませんが、永住者、日本人の配偶者、定住者、特別永住者など日本国内に長期にわたって生活が可能で、働くことに制限がない資格をもつ新成人の割合は、合わせると約二二％になります。

なお、国際的によく使われている定義では、ある国に十二カ月以上継続して滞在する人のことを「移民」と呼びます。日本国内では、この「移民」という言葉は避けられているためにどこか他人事のように感じるかもしれませんが、ほかの世代同様、新成人のなかにも、日本社会をともに支え、作り上げていく移民の若者が少なからず含まれていることは明らかです。

③留学生でも移民でもない、技能実習生

留学生と永住・定住者のほかに大きな割合を占めているのが、「技能実習」の資格です。

この技能実習という資格は、日本政府が開発途上国の人々を来日させ、日本国内の農業や漁業、繊維業、建設業などの職種で一定の年数、実際に「実習」することで、日本の技術を開発途上国にもって帰ってもらい、その発展に貢献してもらおうという国際協力の一環として設けている滞在資格（ビザ）です。

こうして書くととてもいい制度にみえますが、この技能実習の制度には「現在の奴隷制」という批判があり、表向きは国際貢献をうたってはいるものの、実際には不足する労働力を外国から確保するための手段だといわれています。

安い労働力として受け入れられた外国人実習生のなかには、パスポートを取り上げられたり、狭いアパートに何人も詰め込まれ職場とアパートとの往復生活を強いられたり、といった実習とは程遠い過酷な労働環境を強いられているようなケースが少なからずあることがメディアで報じられるようになってきました。

もちろん技能実習生全員がそのような待遇下にいるわけではありません。ただ、奴隷のような状態で働かなくてはならない同年代の若者が日本国内にいること、そうした若者らが農業や漁業など私たちの生活の基盤を支えてくれている実態があることもぜひ気にかけてほしいと思います。

二〇二〇年代に成人になった世代のみなさんは、それ以前の成人世代と比べると、より小さなころから「同級生」「友人・知人」「仕事仲間」あるいは「サービス提供者」として海外にルーツをもつ人々と机や肩を並べた経験が多い世代です。

いま、メディアやSNSなどでは、外国人を受け入れることや外国人が日本社会で暮らしていくこと（特に医療や福祉を利用したりすること）に対する反発や不安な声を連日のように見聞きします。諸外国の移民に関わるニュースなどをみると慎重になってしまうかもしれませんが、日本社会はすでに事実上の移民受け入れ国となっていて、こうした流れが立ち消えることはおそらくありません。このような急激な社会の変化のなかで、国や言語や宗教や肌や瞳の色などの違いをどのように乗り越えていけるのか、あるいは乗り越えようとしなくてもともに生きていけるのか。日本らしい共生の道とはどのようなものなのか。

ほかの成人世代よりも豊富な「共生経験」をもっている（そして今後も積み重ねていける）みなさんの世代が、これからの共生社会の基盤を作り上げていく存在なのだと思っています。ぜひ過去三十年間、変わることがなかった差別や偏見、教育機会の格差など、様々な課題や障壁の先の未来を海外ルーツの人々とともに切り開いてください。

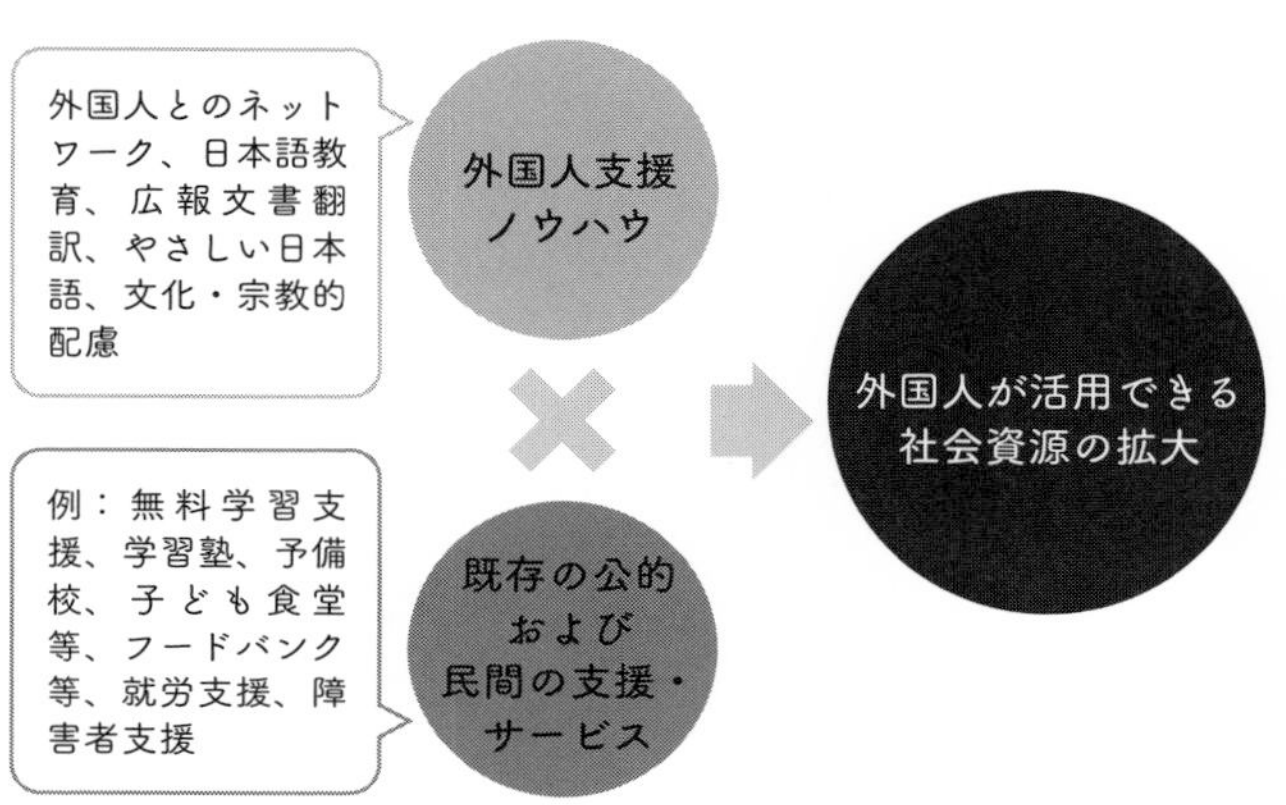

図14　外国人支援（日本語教育＋合理的配慮）×既存の公的および民間の支援・サービス

「相談の先」を担うのは誰か

本書では、海外ルーツの子どもに限らず、外国人の支援機会や受け入れ体制整備の状況は地域間、自治体間による格差が大きいことを繰り返し伝えてきました。自治体窓口での多言語対応や相談体制の有無、病院での医療通訳配置や教育、子育て、福祉サポートへのアクセスなど、安心して生活できる体制が整っている自治体はごく限られているのが現状です。

二〇一八年末に開催された臨時国会では、外国人受け入れの体制整備は不十分であり、それは政府が自治体にその対応を「丸投げ」してきたからだといった批判が噴出しました。まさに、地域による支援機会などの格差はこのことに起因し、拡大し続けてきたものといえます。

長らく政策不在だった外国人の受け入れ対応は、二〇一九年四月から始まった「外国人材の受入れ・共生のための総合的対応策」に基づいて、ようやくその一歩を踏み出しました。その目玉の一つが、全国百カ所の設置を予定し、多言語で外国人の生活の困りごとなどを一元的に受け付ける「多文化共生総合相談ワンストップセンター」事業です。

日本政府が定めた「外国人材の受入れ・共生のための総合的対応策」によると、このセンターは、「外国人が、在留手続、雇用、医療、福祉、出産・子育て・子供の教育等の生活に関わる様々な事柄について疑問や悩みを抱いた場合に、適切な情報や相談場所に迅速に到達することができるよう、都道府県、指定都市及び外国人が集住する市町村約百か所において、地方公共団体が情報提供及び相談を行う一元的な窓口」(3)だとされています。日本語力が十分でない外国人にとって、まずはこのセンターに問い合わせれば多言語で対応してくれるという環境の実現は、生活に大きな安心感をもたらすものといえます。

一方で、同時に考えておかなければならないのは、この「相談の先」がどうなっているか、それを担うのは誰なのか、ということです。

例えば「自分の子どもが、日本語がわからず、学校で困っている」というような教育相談を外国人保護者がセンターに寄せたとしても、その「相談の先」である学校や地域で対応できる体制がなければ、問題は先送り、あるいはたらい回しにされるのではないか、といった懸念が残ります。そして筆者が知るかぎり、そのような事態になっているケースも発生しています。

このため、相談窓口の拡充と同様の優先度とスピード感をもって、その相談の先となる関係諸機関の対応能力を上げていく必要がありますが、外国人支援のための人材も予算もない地域が少なくないなかで、どのようにそれを実現していくかには工夫が必要です。

繰り返しになりますが、筆者は、基本的には「外国人を専門に対応する機関創出や人材育成」には人的にも予算的にも限界があると考えています。この前提に立ち、現実的に外国人にとって活用可能な社会的資源を拡充していくのであれば、めざすべきは「既存の支援やサービスが、外国人対応ができるようになる」ことです。主に日本人を対象とした支援またはは社会的サービスを提供してきた機関や団体の支援者たちに、国際交流協会や外国人支援団体などが培ってきた外国人支援ノウハウを学んでもらうことで、一〇〇%ではなくとも、そのすそ野を広げることができるのではないでしょうか。

“やさしい日本語”を新しい共通語に

そのノウハウの一つとして現在注目されているのが、前述の「やさしい日本語」という考え方です。防災に限らず、生活のあらゆる場面で使うことができる「やさしい日本語」は、「日本人を主に対象とした既存の支援」の担い手にとっても外国人対応の基本スキルになるものであり、また、もっと身近な地域でともに暮らす人同士の日常の交流手段としても有効です。

もちろん、日本に生活する外国人や海外ルーツの子どもたちの日本語教育機会の拡充の重要性はいうまでもありませんが、日本人側も日本語を母語としない人たちが理解しやすい日本語を使うことで、よりスムーズで、相互にストレスが小さいコミュニケーションの実現につながります。「やさしい日本語」は、今後、共生社会の共通語として発展していく可能性を大いに秘めています。

4 専門家による教育支援事業YSCグローバル・スクール

YSCグローバル・スクール（以下、YSCGSと略記）は、二〇一〇年四月にNPO法人青少年自立援助センターが東京都福生市に開設した海外ルーツの子どもと若者のための専門教育支援事業です。二〇二一年現在では福生市のほかに東京都足立区内にも教室を設け、どちらも「通所でもオンラインでも学べる」ハイブリッド形式（対面の生徒とオンラインで学ぶ生徒が同じ授業をリアルタイムに受講する形式）で専門家による日本語教育や学習支援機会などを提供しています。月曜日から金曜日までの週五日、午前九時から夜七時まで年間二百日間以上開講し、これまでに六歳から三十代までの四十カ国以上の海外にルーツをもつ子どもと若者たち約千人をサポートしてきました。来日直後で日本語を初めて学ぶという子ども・若者もいれば、日本で生まれ育って日本語の会話はネイティブだけど学校の勉強で使う日本語が難しくて教科学習のサポートを希望する子どもたちもいます。十五歳以上の若者で、出身国で中学校相当を卒業してから来日し日本の高校に通うために入試対策コースを受講する生徒や、不就学・不登

表1　2021年度 YSC グローバル・スクール時間割表

<table>
<tr><th></th><th colspan="5">月曜日　Monday</th><th colspan="5">火曜日　Tuesday</th><th colspan="5">水曜日　Wednesday</th><th colspan="5">木曜日　Thursday</th><th colspan="5">金曜日　Friday</th></tr>
<tr><td>9:10 - 10:00</td>
<td rowspan="3">日本語プレクラス Nihongo Pre Class</td><td rowspan="3">日本語ブリッジクラス Nihongo Bridge Class</td><td rowspan="3"></td><td>自立学習 Self study</td><td></td>
<td rowspan="3">日本語プレクラス Nihongo Pre Class</td><td rowspan="3">日本語ブリッジクラス Nihongo Bridge Class</td><td rowspan="3">日本語ジャンプクラス Nihongo Jump Class</td><td>自立学習 Self study</td><td></td>
<td rowspan="3">日本語プレクラス Nihongo Pre Class</td><td rowspan="3">日本語ブリッジクラス Nihongo Bridge Class</td><td rowspan="3"></td><td>自立学習 Self study</td><td></td>
<td rowspan="3">日本語プレクラス Nihongo Pre Class</td><td rowspan="3">日本語ブリッジクラス Nihongo Bridge Class</td><td rowspan="3">日本語ジャンプクラス Nihongo Jump Class</td><td>自立学習 Self study</td><td></td>
<td rowspan="3">日本語プレクラス Nihongo Pre Class</td><td rowspan="3">日本語ブリッジクラス Nihongo Bridge Class</td><td rowspan="3"></td><td>自立学習 Self study</td><td></td></tr>
<tr><td>10:10 - 11:00</td>
<td rowspan="2">高校進学プレップクラス Prep Class</td><td rowspan="2">ステップクラス Step Class</td>
<td rowspan="2">高校進学プレップクラス Prep Class</td><td rowspan="2">ステップクラス Step Class</td>
<td rowspan="2">高校進学プレップクラス Prep Class</td><td rowspan="2">ステップクラス Step Class</td>
<td rowspan="2">高校進学プレップクラス Prep Class</td><td rowspan="2">ステップクラス Step Class</td>
<td rowspan="2">高校進学プレップクラス Prep Class</td><td rowspan="2">ステップクラス Step Class</td></tr>
<tr><td>11:10 - 12:00</td></tr>
<tr><td>12:00 - 1:00</td><td colspan="5">昼休み　Lunch Break</td><td colspan="5">昼休み　Lunch Break</td><td colspan="5">昼休み　Lunch Break</td><td colspan="5">昼休み　Lunch Break</td><td colspan="5">昼休み　Lunch Break</td></tr>
<tr><td>1:00-1:10</td><td colspan="5">掃除　Cleaning Time</td><td colspan="5">掃除　Cleaning Time</td><td colspan="5">掃除　Cleaning Time</td><td colspan="5">掃除　Cleaning Time</td><td colspan="5">掃除　Cleaning Time</td></tr>
<tr><td>1:10 - 2:00</td>
<td rowspan="2">日本語プレクラス Nihongo Pre Class</td><td rowspan="2">日本語ブリッジクラス Nihongo Bridge Class</td><td rowspan="2"></td><td rowspan="2">高校進学プレップクラス Prep Class</td><td rowspan="2">ステップクラス Step Class</td>
<td rowspan="2">日本語プレクラス Nihongo Pre Class</td><td rowspan="2">日本語ブリッジクラス Nihongo Bridge Class</td><td rowspan="2">日本語ジャンプクラス Nihongo Jump Class</td><td rowspan="2">高校進学プレップクラス Prep Class</td><td rowspan="2">ステップクラス Step Class</td>
<td rowspan="2">日本語プレクラス Nihongo Pre Class</td><td rowspan="2">日本語ブリッジクラス Nihongo Bridge Class</td><td rowspan="2"></td><td rowspan="2">高校進学プレップクラス Prep Class</td><td rowspan="2">ステップクラス Step Class</td>
<td rowspan="2">日本語プレクラス Nihongo Pre Class</td><td rowspan="2">日本語ブリッジクラス Nihongo Bridge Class</td><td rowspan="2">日本語ジャンプクラス Nihongo Jump Class</td><td rowspan="2">高校進学プレップクラス Prep Class</td><td rowspan="2">ステップクラス Step Class</td>
<td rowspan="2">日本語プレクラス Nihongo Pre Class</td><td rowspan="2">日本語ブリッジクラス Nihongo Bridge Class</td><td rowspan="2"></td><td rowspan="2">高校進学プレップクラス Prep Class</td><td rowspan="2">ステップクラス Step Class</td></tr>
<tr><td>2:10 - 3:00</td></tr>
<tr><td>3:00-3:10</td><td colspan="5">帰りの会　closing assembly</td><td colspan="5">帰りの会　closing assembly</td><td colspan="5">帰りの会　closing assembly</td><td colspan="5">帰りの会　closing assembly</td><td colspan="5">帰りの会　closing assembly</td></tr>
<tr><td>3:10 - 4:00</td>
<td></td><td></td><td></td><td></td><td></td>
<td></td><td></td><td></td><td></td><td></td>
<td>キッズアフタースクール算数 A Kids Math</td><td>キッズアフタースクール日本語 B Kids Nihongo</td><td>キッズアフタースクール日本語 C Kids Nihongo</td><td></td><td></td>
<td></td><td></td><td></td><td></td><td></td>
<td></td><td></td><td></td><td></td><td></td></tr>
<tr><td>4:10 - 5:00</td>
<td>キッズアフタースクール日本語 A Kids Nihongo</td><td>キッズアフタースクール日本語 B Kids Nihongo</td><td></td><td></td><td></td>
<td>NICOキッズ みつば Kids Nihongo Conversation "MITSUBA"</td><td>キッズアフタースクール日本語 C Kids Nihongo</td><td></td><td></td><td></td>
<td>キッズアフタースクール算数 A Kids Math</td><td>キッズアフタースクール算数 B Kids Math</td><td>キッズアフタースクール算数 C Kids Math</td><td></td><td></td>
<td>NICOキッズ みつば Kids Nihongo Conversation "MITSUBA"</td><td>キッズアフタースクール日本語 C Kids Nihongo</td><td></td><td></td><td>学習 えじそん "EDISON" Study</td>
<td>キッズアフタースクール算数 A Kids Math</td><td>キッズアフタースクール日本語 B Kids Nihongo</td><td></td><td></td><td></td></tr>
<tr><td>5:10 - 6:00</td>
<td>キッズアフタースクール算数 A Kids Math</td><td>キッズアフタースクール算数 B Kids Math</td><td rowspan="2">グローバルアフタースクール中1 Global After School G7</td><td rowspan="2">グローバルアフタースクール中2 Global After School G8</td><td rowspan="2">放課後プレップクラス中3 Prep After School G9</td>
<td>NICOキッズ よつば Kids Nihongo Conversation "YOTSUBA"</td><td>キッズアフタースクール算数 C Kids Math</td><td></td><td></td><td rowspan="2">放課後プレップクラス中3 Prep After School G9</td>
<td></td><td></td><td rowspan="2">グローバルアフタースクール中1 Global After School G7</td><td rowspan="2">グローバルアフタースクール中2 Global After School G8</td><td rowspan="2">放課後プレップクラス中3 Prep After School G9</td>
<td>NICOキッズ よつば Kids Nihongo Conversation "YOTSUBA"</td><td>キッズアフタースクール算数 C Kids Math</td><td></td><td rowspan="2">放課後プレップクラス中3 Prep After School G9</td><td rowspan="2">えじそん "EDISON"</td>
<td>キッズアフタースクール算数 A Kids Math</td><td>キッズアフタースクール算数 B Kids Math</td><td rowspan="2">グローバルアフタースクール中1 Global After School G7</td><td rowspan="2">グローバルアフタースクール中2 Global After School G8</td><td rowspan="2">放課後プレップクラス中3 Prep After School G9</td></tr>
<tr><td>6:10 - 7:00</td>
<td></td><td></td>
<td></td><td></td><td></td><td></td>
<td></td><td></td>
<td></td><td></td><td></td>
<td></td><td></td></tr>
</table>

（ほぼすべてのクラスをオンラインでも受講できる）

校状態にある子ども、障害をもつ子どもたちなども在籍していて、日本学校兼、高校進学予備校兼、フリースクール兼、学習塾といった機能を兼ね備えてそれぞれのニーズに応じたコースやクラスで子どもたちを受け入れています。

文部科学省「虹の架け橋教室」事業受託団体として

現在に至るまでボランティアによる手弁当の活動が中心の海外ルーツの子ども・若者支援分野としては珍しく大規模な取り組みであることに加え、スタッフ全員が「仕事」として有給で活動していることや、外国人保護者から月謝を受け取って支援を提供する「事業型」であることなどでも注目されることが多いＹＳＣＧＳですが、開設当初から五年間は、文部科学省・国際移住機関（ＩＯＭ）による「定住外国人の子どもの就学支援事業」（通称・虹の架け橋教室事業）という補助金事業で運営して、完全に無料で支援を提供していま

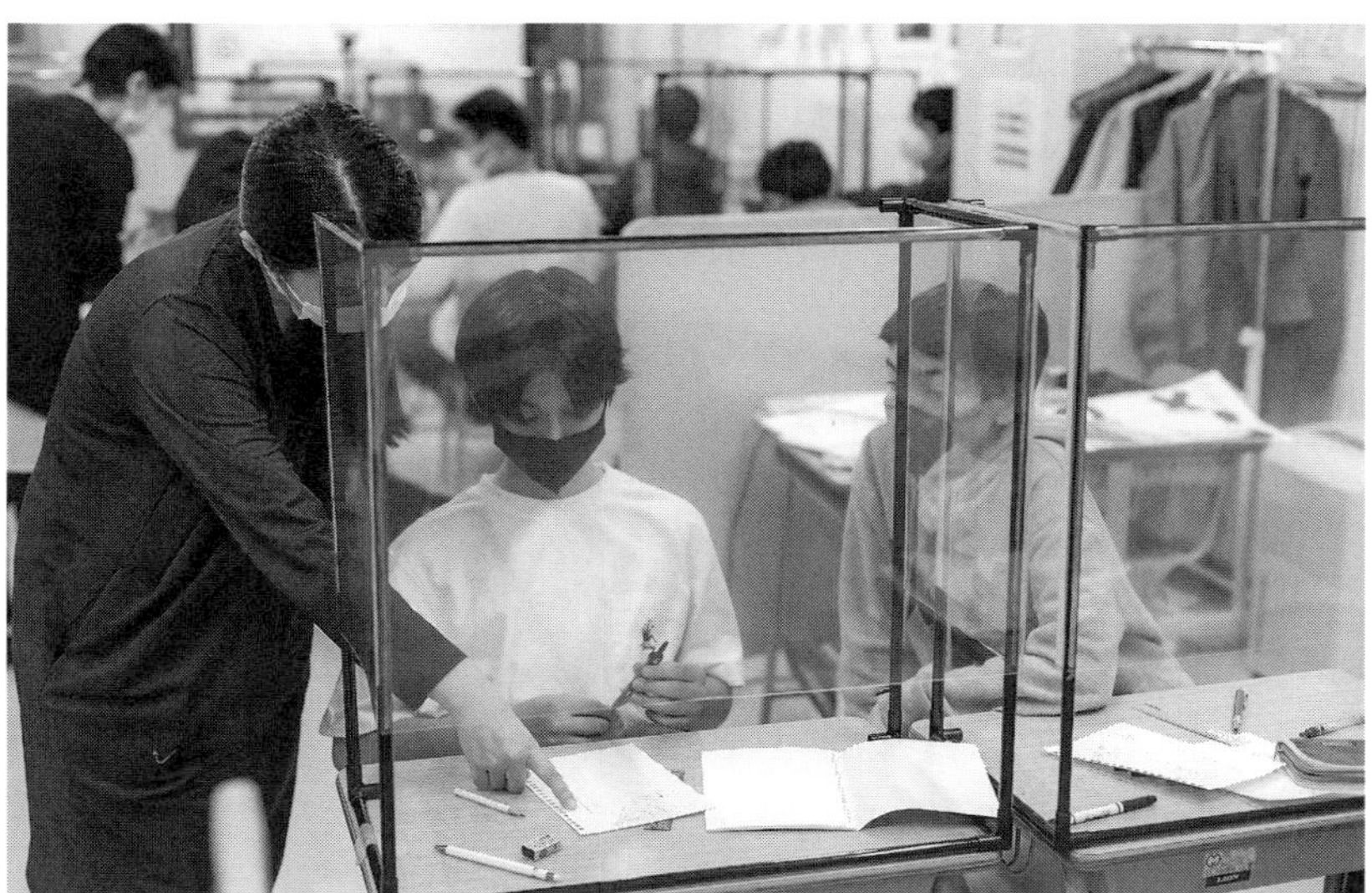

教育の専門家による授業風景

した。この虹の架け橋教室事業は、日系人が多く暮らし働いていた地域を中心に、二〇〇八年に発生したリーマンショックの影響によって日系人保護者が多数失業したり減収になったりして、その子どもたちが通っていたブラジル人学校などの学費を支払えずに退学して不就学状態に陥ったことを受けて、子どもたちの公立学校へのスムーズな転入をサポートするために創設されました。日本語がわからないことで転入の手続きがスムーズにいかなかったり、当時の行政による「就学拒否」と受け取れるような対応などが重なるなどしたために、虹の架け橋教室事業ではその解決をめざし、日系人などの子どもたちを対象に日本語教育や学習支援、多文化コーディネートによる行政手続きなどの支援を実施することが盛り込まれました。

しかし、当時ＹＳＣＧＳの拠点がある東京都内には日系人の子どもたちはあまり多くなく、ブラジル人学校などもなかったためにリーマンショックに端を発した不就学問題は大きな課題になることはありませんでした。このため、虹の架け橋教室事業が始まった二〇〇九年には、ＹＳＣＧＳを含む日系人が少ない地域での活動はその対象には含まれていませんでしたが、一〇年以降、日系人の子どもに限らず、全国各地で海外ルーツの子どもたちが日本語の壁や学校の受け入れ体制の不整備によって不就学や不登校になっている状況に対応するために事業対象範囲を広げたことで、ＹＳＣＧＳも虹の架け橋教室事業を受託することができるようになりました。ＹＳＣＧＳは事業立ち上げ時にこの虹の架け橋教室として体制を整えて運営してきたため、現在もスタッフがそれぞれの専門性に応じて日本語教師、教科学習担当者、多文化コーディネーターの三つの役割を担い、子どもたちが安心して日本の学校で学べるようサポートするスタイルで活動しています。

こうして立ち上げからしばらくはその補助金をもとにすべての支援を無料でおこなってきたYSCGSですが、虹の架け橋事業が二〇一五年二月末をもって、「リーマンショックの余波は終わった」という理由から終了したことで、以後は有料（ターム制による受講料徴収）に切り替えて運営してきました。当時、虹の架け橋教室事業を受託していた団体は、活動地域がある自治体からの行政委託事業として運営を継続したり、規模を縮小してボランティア中心の活動を助成金でおこなうことにしたり、補助金の終了をきっかけに事業を中止したり、などに分かれました。一五年当時はまだ海外ルーツの子どもの課題はおろかその存在さえあまり知られていない状況であり、リーマンショックの余波が終了したかどうかにかかわらず多くの子どもたちが支援を必要として、その数は増加の一途をたどっていた状態だったために、架け橋教室事業受託団体の間で存続を求めてロビイングなどもおこないましたが、残念ながら事業の存続には至りませんでした。

「お金がかかっても、ちゃんとした日本語を学ばせたい」

当時、筆者には二つの選択肢がありました。目の前に支援を必要とする子どもたちがどんどんとやってくるなかで、実施回数や内容などを調整したうえでボランティアを中心にした運営に切り替え、助成金などを活用しながら細々と活動を続けていくか、有料化することで支援の質と量を減らすことなく専門家による教育機会を提供し続けていくか、のどちらかです。もともとYSCGSに通っていた子ども

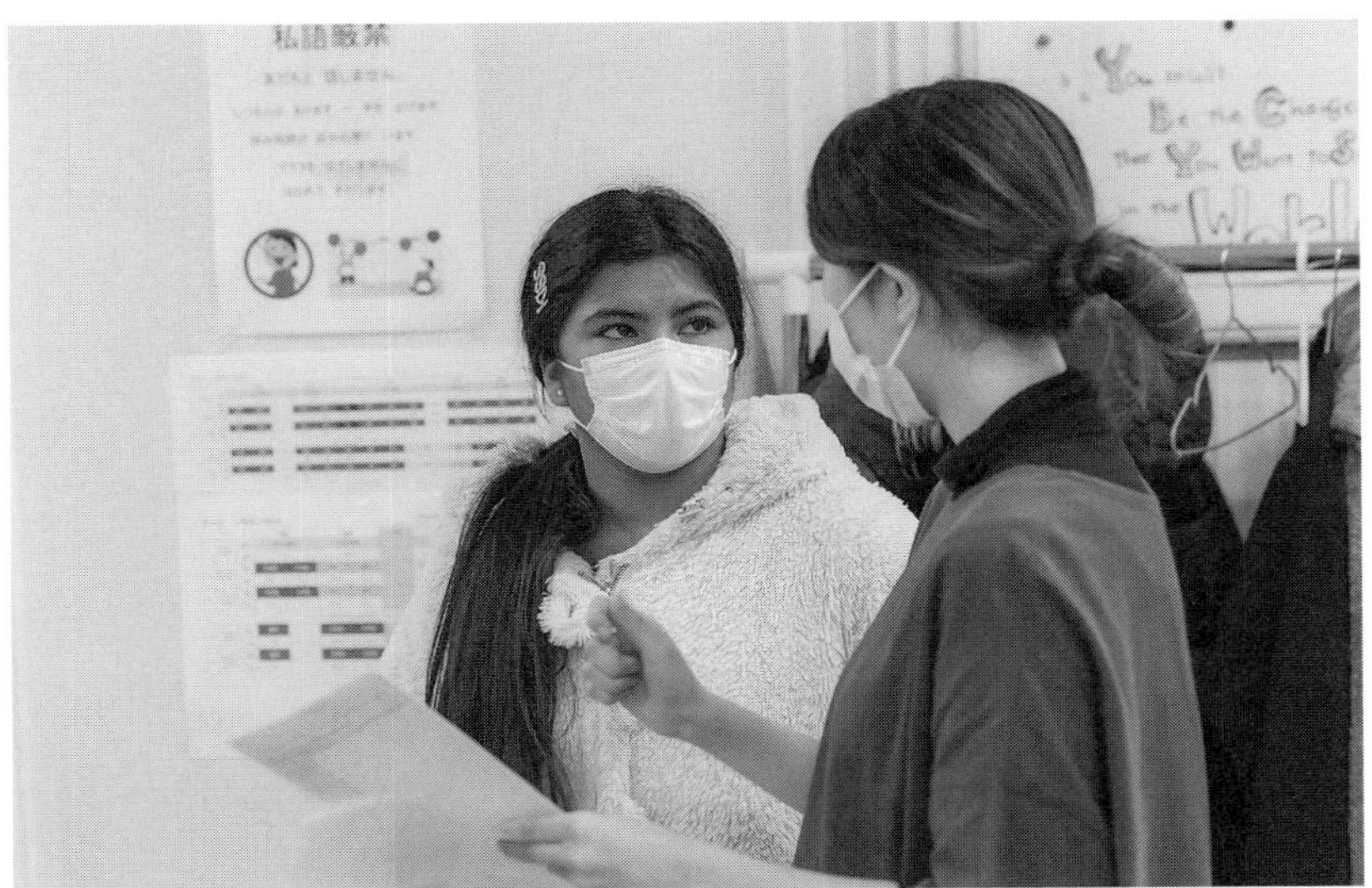

生徒をサポートする多文化コーディネーター

たちのうちの約三〇％は経済的に苦しい家庭の子どもたちだったために、支援を有料化した場合はこうした子どもたちが通えなくなってしまう可能性がありました。一方で、ボランティアを中心にした活動に切り替えて無償での支援提供を維持し続けた場合、助成金頼みの運営で不安定になってどこまで続けていけるのかに強い不安がありました。筆者もこの二者択一の状況にぎりぎりまで悩み抜きましたが、決定打になったのはある外国人保護者の言葉でした。

「お金を払ってもいいですから、子どもには〝ちゃんとした日本語〟を勉強させたいです」

その保護者は、子どもが別の地域でボランティアによる学習支援を受けたり学校で担任による放課後のサポートを受けたりしてもまだ日本語ができるようにならなかった経験があり、同じ職場に勤める別の外国人保護者からＹＳＣＧＳを紹介されてやってきたのです。「ボランティアや学校でのサポートは週一回一時間だけで自分の子どもには合わなかった。ＹＳＣＧＳのように、プロの日本語の先生が子どもを対象に教えてくれる場所はほかにはなく、お金がかかってもいいので通わせ続けたいと言ってくれたのです。

その保護者の言葉に、筆者はあらためてＹＳＣＧＳが背負っている社会的な責任に気づきました。確かにボランティアが中心になって無償で学びの機会を提供することも大切な活動ですが、ＹＳＣＧＳのように、専門家が日本語教育や学習支援、高校進学支援などをおこなう場所は全国にもあまり多くありません。また、当時から現在に至るまでＹＳＣＧＳに通う子どもたちの多くが不就学や不登校、十五歳以上の中学校相当卒業後の来日だったり、日本語ができないことで学校生活に安心して参加できないにもかかわらず、学校では何の支援も用意されていない状況にあるなど、一時的にでも「学校の代わり」

として平日の昼間に毎日学べる場を必要としています。こうしたニーズに目をつぶり、不安定な助成金頼みの運営に移行するよりは、有料であっても専門性が高い学びを毎日、安定して届けられる場を維持・存続するほうが当時のＹＳＣＧＳが背負う責任を全うすることにつながるのではないか。結果として経済的な負担はあっても海外ルーツの子どもやその保護者の思いに応えて彼らの未来を切り開くことにつながるのではないかと思い、虹の架け橋教室事業が終了した二〇一五年三月以降、すべての支援を有料にしてＹＳＣＧＳは再出発することにしました。

三〇％の困窮世帯の子どもに手を伸ばしたい――奨学金制度の創設

このように、立ち上げ当初からＹＳＣＧＳに通う子どもたちのうちの約三〇％は経済的に苦しい状況の家庭の子どもたちでした。二〇一五年三月に支援を有料化したことで、当初の懸念のとおりにこうした子どもたちのほとんどが月謝を支払うことができず、ＹＳＣＧＳへの通所を断念してしまいました。なかにはこれを機に公立の小・中学校でがんばることを決めた家庭もありましたが、十五歳以上の若者や不登校の子どもなど、ＹＳＣＧＳ以外の学ぶ場がほかになくて自宅だけで過ごさざるをえない子どもたちも含まれていました。

こうした子どもたちのことを放置してはおけない、何か手を打たないといけないと考え、筆者が発案したのがクラウドファンディングを活用した寄付金の調達と、それを原資にした「無償枠」の創出でした。当時、日本語がまったくわからない子どもが日本語の初級クラスを受講するためには二カ月で六万四千円の授業料が必要でした。その授業料を経済的に苦しい家庭の子どもに対してだけ無償化することで、有料化によって支援を受けられなくなった子どもたちを「呼び戻す」ことができないかと考えたのです。

現在は資金調達の重要な手段としてクラウドファンディングという方法があることを知っている人もだいぶ多くなっていますが、二〇一五年当時は特に海外ルーツの子ども支援に関わる団体や関係者の間ではクラウドファンディングやオンラインで寄付を集めることはまだまだメジャーな手段ではありませんでした。周囲に相談できる人もいないまま、とにかく寄付を集めなくてはという思いだけで筆者にとってもYSCGSのスタッフにとっても初めてのクラウドファンディングへの挑戦を始めることにしました。しかし、そのチャレンジは想像していたほど容易なものではなく、クラウドファンディングプラットフォームに登録してはみたものの、右も左もわからないなかで、キュレーターと呼ばれるプラットフォーム担当者に教えてもらうままに準備して、一五年七月にようやくクラウドファンディングを一般公開して寄付の募集を二カ月間の期間限定で実施するところまでこぎつけました。

手探りで海外ルーツの子どもの現状を伝え続けた日々——百七十人以上の応援が

当時、初めてのクラウドファンディングのプロジェクトページに、なぜ私たちがクラウドファンディングをおこなうのか、どうして寄付を集める必要があるのかについて、必死の思いを込めて何度も書き直した文章が残っていますので、抜粋してご紹介します。

■外国につながる子どもの教育に関する重要な地域拠点に

私たちが活動する東京都の西側でも、十分かつ専門的な支援を提供できる自治体や民間団体はごくわずかで、日本語の力が十分に身に付かないまま、教室の中で「お客さん」としてただただ机に座るだけの日々を送っている子どもたちが多数存在しています。そこで、私たちの団体では、二〇一〇年度から文部科学省の委託事業として、子どもの日本語教育専門家や経験豊富な教科学習指導スタッフを配置し、六才から高校進学を希望する子どもたち、約四百名に無償で支援プログラムを提供してきました。支援してきた子ども達のルーツは十八カ国にも上ります。

（略）

■国からの委託事業が二〇一四年度で打ち切られることに

国からの委託事業が打ち切られることになったため、今年度より支援プログラムの全面有料化に踏み切らざるを得ませんでした。三〇％以上含まれていた困窮世帯の子どもたちの多くが、学習機会を失うことになってしまいました。しかし、現在でも毎日のように、学校の先生方や外国人保護者から、なんとかならないかという声が届いており、経済的にも困難を有する子どもたちのために、無償で専門的な教育機会を提供したいと思い、本プロジェクトを実施することにいたしました。

■授業をうける子どもたち

「お金のことはなんとかするから、あなたは勉強をがんばりなさい」

二〇一五年五月末、震災の影響が残るネパールから一人の女の子が来日しました。彼女のお父さんは数年前に単身で来日し、ネパール料理レストランで働いていましたがママタさんの来日直前に、そのレストランが近く廃業することが決まり、失業間際の状態でした。

来日したママタさんはお父さんの状況を始めて知り、私も働いて家計を支える、とお父さんに伝えました。しかしお父さんは、勉強することが大好きなママタさんのことを想って「お金のことはなんとかするから、お前は勉強をがんばりなさい」と言ってくれたのです。一般の方々から寄せられた寄付を受けて私達の教室に通える事になったママタさんは、休み時間も机に向かうほど熱心に勉強を続け、たった二カ月で簡単な会話ができるようになり、漢字の読み書きにも取り組んでいます。日本語のクラスが終われば、都立高校進学を目指して英語や数学の勉強が待っています。来年の春には晴れて高校の門をくぐることができるよう、スタッフも指導に熱が入っています。

(略)

■ご協力をお願いいたします

外国にルーツを持つ子どもたちが適切な日本語教育・学習支援機会を得ることで、高校や大学への進学機会が開かれるだけでなく、日本語と母語の両方を使いこなし、二つ以上の文化を理解するグローバルな人材へと成長する可能性が高まります。こうした人材の育成は、地域だけでなく日本社会全体に活力を与えることができます。どうかみなさまのお力をお借りできないでしょうか。(4)

当時の筆者らの必死の思いと、「海外ルーツの子どもたちとは誰か」「子どもたちはどんなことに困っているのか」を毎日プロジェクトの新着記事として伝え続けてきたことが功を奏し、クラウドファンディングは当初の目標金額八十八万八千円をプロジェクト開始からわずか一カ月で達成して、二カ月間のプロジェクトが終了した時点では目標の約一九〇%にあたる百六十八万四千円を集めることができました。

発信すれば届く――課題の社会化を目指して

こうして無事に、有料化によってＹＳＣＧＳに通えなくなった子どもたちや新たに出会った経済的に苦しい家庭の子どもたち十八人に無償で学びの機会を提供できたことに、当時、心から安堵したことを昨日のことのように覚えています。加えてこのクラウドファンディングを実施したことで得た様々な経験は、現在のＹＳＣＧＳの活動のあり方につながる重要な原点の一つになりました。それは、海外にルーツをもつ子どもたちの現状や課題を「発信」し「社会化」する活動です。実は、このクラウドファンディング実施中の二カ月間を通してほぼ毎日プロジェクトページの新着情報に海外ルーツの子どもの現状や課題を書いてはアップしていました。そこで伝えた子どもたちの様子は、海外ルーツの子どもに少しでも関わったことがあるボランティアや支援者・関係者にとっては「あるある」であり、いまさら口に出さなくても、記事にまとめなくても「みんな知っている」基本的なことでした。しかし、あらためてその「あるある」を記事にまとめて掲載したところ、その記事がＳＮＳを通して拡散され、タレントや作家などのインフルエンサーの目に留まり、さらに拡散することで寄付が次々と増えていったのです。その際に寄せられたコメントの多くが、「海外にルーツをもつ子どものことを初めて知った」「こんなに大変な状況にあるとは知らなかった」という内容でした。海外ルーツの子どもの課題はおろか、その存在さえ一般の方々にとっては支援者・関係者が思っている以上に「知られていない」ことに、初めて気づかされたのです。そして、筆者らが心のどこかで「言わなくてもわかる」と思っているような基本的な情報をあらためて伝えることで、こんなにも、海外ルーツの子どもたちが置かれた状況に共感し、応援し、寄付してくれる方々の輪が広がっていくものなのかと、驚かされた経験でもありました。

これ以降、YSCGSの活動の柱の一つに「課題の社会化」を加えて、当事者である子どもたちに日本語を教えるだけでは解決しない、日本社会の、日本人のあり方や制度を変えるために、情報発信に力を入れていくことにしました。一人でも多くの人が、子どもたちや外国人保護者が置かれている状況と直面する課題を知り、共感し、応援してくれるようになれば、山積みになっている長年の課題も動くかもしれない、そう信じてブログやSNSを更新し続け、ときにはメディアの協力を積極的に得ながら支援の必要性を呼びかけ続けてきました。

確実に変わり始めた時代のなかで

二〇一八年、日本政府はこれまで正式にはその受け入れを認めてこなかった単純労働の分野に外国人人材の就労を認める大きな方針転換をおこないました。これに伴って、政府の「外国人関連」施策が次々と新設され、海外ルーツの子どもたちの教育に関わる事業も拡充され始めました。一九年には日本語教育にとって初の法的な足場になる「日本語教育の推進に関する法律」が可決・成立し、外国人人口の割合が高い自治体では一層の支援の充実を図り、そうではない自治体でも「海外ルーツの子どもの日本語教育は大切なことだ」という認識が広まり始めています。これまで動かなかったあの山もこの山も驚くほど一気に動き始めたことに、一支援者としての筆者は当時、期待と喜びを不安以上に大きく感じていました。

そして二〇二〇年、新型コロナウイルスの影響によって再び「外国人」や海外ルーツの子どもを取り巻く日本社会は変化し始めています。それは、人種も宗教も国籍も関係なく降りかかる「人類共通の敵」を目の前に、帰国の選択肢さえ奪われた海外ルーツの人々も含めて、日本社会の全員がともに生きよう、ともに頑張ろうとする意識の広がりをもたらしているように感じます。例えば、新型コロナウイルスに関する政府・自治体による情報提供の多くに多言語翻訳がデフォルトとしておこなわれるようになったことや、これまでほとんどつながりをもつことがなかった「貧困支援団体」による食糧支援の情報をやさしい日本語で表示したり、「外国にルーツをもつ方も参加できます」という注意書きが加えられるようになったりなど、怪我の功名とでもいうべき変化を引き起こしました。

また、コロナ禍の影響はオンライン授業という手段の一般化を急速に推し進めました。これによって、YSCGSが二〇一六年から取り組んできたオンライン会議システムを活用した遠隔教育事業も需要が一気に増加して、二〇年度はこの十年間の活動のなかで最も多い百八十人以上が全国各地からYSCGSのプログラムに参加しました。オンライン授業の広がりは、海外ルーツの子どもたちに対する支援体制の整備という点で、今後いい変化を引き起こすきっかけになりうるものです。

一方で、アメリカを中心にしたアジア系に対するヘイトクライム（憎悪犯罪）の増加や、ベトナム人をはじめとする（元）技能実習生らの窮状に対する現状、入管による強制収容や仮放免者の実態など、コロナ禍のなかであらためて深刻な社会の分断状況も浮き彫りになりました。YSCGSで学ぶ子どもたちや若者、その保護者たちも新型コロナウイルスの影響に直面し、苦しい状況が続いています。小さな支援現場単体では乗り越えることができないことばかりですが、YSCGSがこの十年にわたる活動のなかで培ってきたノウハウや情報、知識を一人でも多くの人たちと共有することで、子どもたちの未来をともに守っていくことができるのではないか、と、これから先の十年に向けて新たなチャレンジを始めています。

注

（1）厚生労働省「ヤングケアラーについて」（https://www.mhlw.go.jp/stf/young-carer.html）［二〇二一年四月十日アクセス］

（2）総務省「統計トピックスNo127「丑（うし）年生まれ」と「新成人」の人口――令和三年 新年にちなんで（「人口推計」から）」二〇二〇年十二月三十一日（［http://www.stat.go.jp/data/jinsui/topics/topi1272.html］［二〇二一年四月十日アクセス］）および出入国在留管理庁「在留外国人統計」二〇二〇年六月末（［http://www.moj.go.jp/isa/policies/statistics/toukei_ichiran_touroku.html］［二〇二一年四月十日アクセス］）。

（3）出入国在留管理庁「外国人材の受入れ・共生のための総合的対応策」二〇一八年十二月二十五日、三ページ（http://www.moj.go.jp/isa/content/930004288.pdf）［二〇二一年四月十日アクセス］

（4）「READYFOR」クラウドファンディングプロジェクト「外国にルーツを持つ子どもに専門的日本語教育を無償で提供したい」（実行者：田中宝紀）（https://readyfor.jp/projects/kodomo-nihongo-kyouiku）

コラム　当事者の声を聞く

本コラムは、二〇一八年五月二十四日に難民支援協会が運営するウェブメディア「ニッポン複雑紀行」に掲載したものです。人口などのデータは新たにし、いくつか軽微な修正を加えましたが、大部分をそのまま転載しています。日系ペルー人の「カオリさん」とその家族が歩む「日常」を共有し、その声に耳を傾けることで、ぜひ子どもたちのリアルを感じてほしいと思います。

学校ではしゃべらない。日本社会の片隅で孤立する「海外ルーツの子どもたち」

東京の福生市にある「日本語学校×フリースクール×学習塾」

東京の西の端っこに、都内でも有数の外国人集住地域があります。その街の名前は福生市。人口約六万人の高齢化が進む小規模な自治体ですが、アメリカ軍横田基地の裾野に広がる繁華街や隣接地域の工業団地で働く人々、そして日本語学校への留学生などを中心に外国人住民が増加しています。

二〇二一年三月の時点で総人口に占める外国人の比率は六％を超えています。中国やフィリピン、ベトナム、ネパール、タイなど合計五十六カ国以上の人たちが暮らす複雑で多文化な片田舎（いなか）、そんな福生市で私たちが二〇一〇年から拠点を構えて運営しているのがYSCグローバル・スクール（YSCGS）です。

YSCGSは、海外ルーツの子どもと若者のために、専門家による日本語教育と学習支援機会を提供する事業です。六歳から三十代までの受講生が年間百人以上通所する、日本語学校とフリースクールと学習塾を掛け合わせたような学びの場です。

YSCGSには、福生市に住んでいる子どもだけでなく、東京都二十三区外全域、埼玉県、神奈川県、千葉県から、なかには片道数時間をかけて通ってくる子どももいます。日本語を母語としない子どもたちのための支援は不足していて、こうした子どもたちが増加していくなかで大きな社会課題になりつつあります。

そんな学校教育からはやや離れた立場から間接的に子どもたちをサポートする私ですが、本書の原稿を書くにあたって真っ先に頭に浮かんだ生徒がいました。その子の名前はカオリさん。日系ペルー人の三世で、ペルーでは七歳年上の兄とともに、両親ではなく祖母のもとで育ちました。両親と離れて暮らしていたのは、両親が三十年ほど前からペルーを離れて日本で働いていたためです。その後、カオリさんが十一歳のころ、二〇一五年三月に兄とともに来日。福生市からほど近い街で家族そろっての生活をスタートさせました。

そんななか、努力家のカオリさんは来日してからYSCGSに通い始めるまでの二年半の間、日本語習得に関する専門的な支援がほとんどない環境でも自力で日本語を学び、読み書きを含めてかなり高いレベルの日本語能力を身につけてきました。

しかし、日本の中学生活では生徒からのいじめや教師による不誠実な対応など、日本語の壁を乗り越えてもなお残る多くの苦労があったといいます。

学校ではしゃべらない

——カオリはそんなに日本語が上手なのに「学校ではあまりしゃべらない」って言ってたよね。

しゃべらないです。私の声、聞いたことない人のほうが多いと思います。学校では「間違えたらバカにされるかな」って思っちゃうんです。日本に来て、日本語を間違えて何回も笑われたっていう記憶があるから。それで話さなくなったんだと思うんですけど。

——日本に来てすぐ中学校に入学したんだよね？　どんな気持ちでした？

いろいろと怖かったんですよ、最初。日本語話

せなくて。全然違う文化の人と生活することになったんだけど、いろいろあって。外国人だからいやなことされたこともあったんですけど、そのときに何もされてなかったら、いまの自分はいないなって、よく思います。

――高校入試の準備中、ある高校の志望理由に「外国人を積極的に受け入れているから、国際的な感覚があるんじゃないか」って言ってたよね。もし外国人の割合が多い中学校に入っていたとしたら、いまとは少し違っていたと思いますか？

違っていたというより、たぶんそういう人（いじめをする生徒）はどこにでもいるんですよ。ただ、そういう人がいたとしても、（外国人が多い学校の）先生に言ったら、たぶん何かやってくれたんじゃないかなと思います。

でも、いまの中学校は、外国人がいるっていうのに慣れていなくて、先生たちもどうしたらいいのかわかんないと思うんですよ。慣れてないから、それは気にしないみたいになっていて。

――全員の先生がそんな感じ？

全員じゃないですけど、私が話した先生はそんな感じでした。私の学校では不登校の人が多いんですよ。いじめとかで。（ある不登校の生徒が）私と仲がよかったんですけど、その子がいじめられてて。「先生に言えばいいじゃん」って言ったら、「先生に言っても意味ないから諦めます」って。やっぱり先生たちに言っても何もしてくれないなって思いました。外国人だからだけじゃなく、先生はそういうのを気にしない。

〈海外ルーツの子どもといじめ〉

カオリさんのように、日本の学校でいじめを経験する海外ルーツの子どもは少なくありません。ある外国人コミュニティーには「日本の学校に入るといじめられる」という情報が流れていて、それを聞いた保護者が不安になって来日後一年近く就学を見合わせたというケースもありました。

いじめは日本人同士にも起こることですが、海外ルーツの子どもたちの場合、肌や瞳や髪の毛の色といった見た目、文化、宗教など、子どもたち自身には選べないことや変えようがないことがいじめのターゲットになりやすいのが特徴的です。こうした根本的な部分を否定されることで、自信を喪失したり、日本社会からの強い疎外感を感じたり、アイデンティティが確立できなかったりと、のちのちにも大きな影響を及ぼす事例も多数存在しています。

カオリさんほど多大な努力を積み重ね、日本語ができるようになった子どもでさえ、ちょっとした日本語のイントネーションや「てにをは」の間違いなど、「日本人と〝完璧〟には同じでない日本語」を笑われることがあります。日本語がまったく話せない段階では、イントネーションや単語の間違いなどがある意味〝大目〟にみられるためこうした経験はあまり生じませんが、子どもたちが努力して日本語を勉強すればするほど、からかいがエスカレートしていくことも珍しくありません。

そのような経験が積み重なることで、子どもたちのなかに日本語を間違えることに対する恐怖心が芽生え、口を閉ざしていくような姿を目の当たりにするとき、マイノリティーの子どもたちの努力を認められない日本社会をどうしたら変えることができるだろうかと頭を抱えます。

一人じゃないとわかった

――カオリにとって、YSCGSはどんな場所なのかな。

(YSCGSでは)普通に過ごせる、楽しく。本当に見つけてよかった。勉強のことだけじゃなくて人生のこととか、ここでいろいろ学んだし。国の文化とかもわかるっていうか。

守ってくれるし、手伝ってくれる人がいるってわかったから。一人じゃないってわかったから。本当に見つけられてよかった。

学校では、すごい仲がいい人としか話さないから。日本語わかってても全然使わなくて。家ではスペイン語だから。ここに来て、みんな日本語で話して、みんな外国人だから本当の自分を出せるっていうか。間違ってもいいって感じだから。

小学校のときは、すごいうるさいと思われるぐらい話す人だったのに、日本に来てすごい静かな人になったので。でも「本当の自分じゃないな」って思ってたときにこの塾が見つかって。仲がいい友達が間違えても正しい言い方を教えてくれるから。ほかの人も同じような経験があるから、話し合えるっていう感じ。

――ここでいい出会いがあったなら本当によかった。カオリはすごく面倒見がいいよね。友達を本当に大事にしているというのが、そばで見ているだけでもよくわかります。

自分より相手を幸せにするほうがいい。クリスマスやバレンタインのときとか、クッキーをあげたりして。（そういうことを）大切じゃないって思っている人もいるけど、あげるだけでちゃんと笑顔になって。「この人チョコくれたな」って思われるなら、それはそれでいい。小さなことでいい一日になることもあるし。

隣の家の人に「カオリちゃんおはよう」って言われるだけで今日一日がうれしくなる。そういう小さなことでも人を幸せにすることができるならする。（周囲が自分に）優しくしてくれなかったか

らこそ、優しくしたいんですよ。

「昼間の人」っているじゃないですか（YSCGSの日中のクラスで学んでいる「来日して間もない子どもたち」のこと）。日本の学校生活って全然わからないじゃないですか。「悪い人たちに出会ったらどうするの？」って思うんですよ。

自分のことより昼間の人たち、どうなるのかなってずっと考えているんですよ。この人たちが（高校に）落ちたら。自分より、あの人たちに受かってほしいって思っていたんです。

――カオリにはもっと自分のことも優先してほしいけどね。

そうなんですけど。私にはまだチャンスがあったというか。自分は（日本に来て）三年くらいになるから、まあなんとかなるんですけど。でも彼らは三カ月とか六カ月だけじゃないですか。だから、だいぶ難しいと思う。

私が来たばっかりのときは手伝ってくれる人がいなかったから、手伝ってあげなきゃなって。

――それぞれに難しさがありますね。日本に来て半年、一年の人たちは日本語がわからなくても「外国人対象の特別入試制度」が使える分チャンスがあるともいえるし。カオリのようにギリギリでそうした制度が使えなかったりすることもあるしね。

そう思うんですけどね。いま、ものすごく怖いんです。まだ（入試の）結果が出てないし、いい結果が出たとしても希望している高校もいろんな人がいるから。（中学でいじめられたような）ああいう人がいたら……。

〈外国人生徒対象入試〉

カオリさんは当初「在京外国人生徒対象入試」という、外国籍の生徒で一定の要件を満たした場合に利用可能な「特別入学枠」をもつ都立高校への進学を希望していました。しかし、その枠組みを利用できる要件のうちの一つが「入国後の在日期間が入学日現在、原則として三年以内の者」となっていて、カオリさんはその「三年以内」をわずか一週間だけオーバーしていたため、ほかの日本人生徒と同じ入試問題に、ルビ振りなどの配慮もなく、挑まなくてはなりませんでした。

カオリさんは「外国人生徒対象入試」ではなく、全日制都立高校の「一般入試」を受験し、合格することができました（この取材のあとに合格が発表されました）。しかし、学力的には十分でありながら、日本語の力が足りないために希望する高校に進学できなかったり、高校進学自体を諦めてしまう子どもたちも全国に多数存在しているとみられます。

——高校に入ったらやってみたいことはある？

私の趣味はバスケとダンスだから、ダンス部に入りたいなって思います。もちろん日本語の勉強もやめないで、時間を大切にして、両方がんばりたいと思う。部活に入ったらだいぶ忙しくなると思うので。いまはまだ決まってないから、アルバイトもしたいし部活もしたいけど、アルバイトを優先しようかなって。お金もらって、家のことも手伝えるから……。

——最後に、これから自分が生きていく日本に対して、こんな社会に変わってほしいという希望はありますか？

まず女性としては「男性は同じ仕事なのにもっとお金がもらえる」というのがあって。次に外国人としては差別がないのがいい。通訳する仕事に就きたいんですけど、それができなかったら「安心して仕事ができる会社」に入れたらいいなって思います。親の体験とか聞いたりして、お母さんが大変だったりしたんで。

（お母さんが）一回家にいて、一人だったんですけど。宅配会社が来て、お母さんは日本語がわか

らなくて、すごいキレられて。「お前日本に住んでいるのになんで話せないんだよ！」って。
そのときお母さんがすごい泣いてたから、私が守らなかったら誰が守るんだって。自分しかいないって。「そっちこそほかの国に行って言葉がしゃべれなかったらどうするんだよ！」って。逆の立場に立ったら。そういうことはない仕事に就きたいです。

［取材後記］
来日直後のカオリさんのような「日本語がわからずに学校生活に困難を抱える子ども」の数は増え続けていて、二〇一六年の時点で全国の公立学校に四万三千人以上いたことが明らかになっています（二〇一七年度文部科学省調査）。さらに、うち一万人は学校のなかで何のサポートもない状況です。
ＹＳＣＧＳに日本語の学習支援機会を求めてや

ってくる年間百人以上の子どもたちのうち、九七%は「今後日本以外の国に暮らすつもりはない」と答えています。また、年々増加する在留外国人二百五十六万人のうち、半数以上（五四・六%）が永住・定住など、長期的に日本に滞在可能な在留資格をもっています。

しかし、現在はこうした子どもたちに適切な教育機会を提供できる環境は官民合わせてもわずかであり、地域間の格差も深刻です。日本語がわからないまま「放置」状態で学校に通う子どもも少なくなく、日本人の子どもの高校進学率が一〇〇%近い現在でもなお、地域や環境によっては海外ルーツの子どもの進学率は六〇%前後にとどまるとみられています。

そんな状況のなか、実は、YSCGSでこれまでサポートしてきた子どもたちの高校進学率は約一〇〇%にのぼっています。これは来日半年の生徒から日本で生まれ育った生徒までをすべて含んだ数値です。

私はこの実績によって、適切な教育機会、サポート、そして外国人特別入試枠のような制度が整えば、どんなルーツの子たちであっても、彼らが高校進学という道を諦める必要はないということが強く示唆されていると思っています。

子どもに限らず、日本語を母語としない移民が、「日本語という壁」によって社会的に困難やリスクを抱えやすい存在である状況は続いています。このため、本来彼らがもっている能力やスキルが生かしづらく、母国では医者や弁護士だったという人たちでも日本では工場勤め以外に職がない、といったギャップが生じているという指摘もあります。

スイスの作家マックス・フリッシュが外国人労働者問題について語った「我々は労働力を呼んだ

が、やってきたのは人間だった」という言葉が、最近頻繁に引用されるようになりました。やってくるのが人間である以上、そこには一人ひとりの生活があり、安心・安全に暮らしたいという当然の願いがあります。それさえ満たされない社会で「活躍」することは困難です。

日本政府は、日本で就労可能な年数や家族の滞在に制限がある在留資格による、一時的な外国人労働者の受け入れを広げつつあります。外国人がこれだけ増えているにもかかわらず、そして彼らの社会生活上に多くの問題が発生しているにもかかわらず、「日本に移民政策はない」という姿勢を貫こうとしています。

人の移動はそこまで正確にコントロールできるものではありません。たとえ留学生として来日したとしても、日本で恋をして、家族を築き、定住する、そういうことも大いにありえます。「いつか帰るのだから」ではなく、たとえ一時的であったとしても、日本で働き、税金を納め、暮らしを営む、そんな私たちの社会の一員として、彼らとともに生きることを考えるべきときがきているのではないでしょうか。

むすびにかえて

これまでも、日本社会には在日コリアンやインドシナ難民などをはじめとする多様な人々とともに暮らしてきた歴史があります。さらにいえば、アイヌや琉球沖縄の人々との歴史があります。二〇一八年の政府による方針転換以降、「外国人」や海外にルーツをもつ子ども、といえば一九九〇年の改正入管法以降の日系人の「受け入れ」に端を発するものとして語られることがほとんどであり、本書でも、過去三十年間変わることがなかった課題として取り上げてきました。しかし、前述のとおり、日本社会はそれよりもずっと以前から「単一言語」でも「単一民族」でもない、多様な人々がともに存在する社会でした。しかし、それは「共生社会」と呼ぶには程遠い、差別や分断の歴史でもあります。

本書で、筆者は二〇二〇年代の若者に向けてのメッセージを書きました。これまでの歴史をなかったことにすることはできませんが、これから先の未来を、その歴史と経験から学び、具体的かつ着実に、真の意味での共生社会の実現に向けて歩んでいくことはできます。筆者の日々の活動は、こうした次世代に、よりいいバトンを渡すことだと認識しています。うまくいかないことも衝突することもあるかもしれません。しかし、筆者が海外ルーツの子どもたちとともに過ごしてきたこの十年間の短い経験からみても、いまがその第一歩を踏み出すために最も適した「チャンス」だと実感しています。

二〇二〇年春以降、世界各地に猛威を振るっている新型コロナウイルスによって、人類はかつてないほどの「共通体験」をしています。「ウイルスは人種差別をしない」というフレーズさえ飛び出すほどの経験は、これまでとはまったく異なる「感覚」を私たちに与えようとしています。誰もが自由に移動することができない状況で、日本国内に留まるしかない外国人や海外ルーツの人々の存在に注目し、「同じ日本のなかで、同じように困っている存在」としてともに支え合おうとする動きも生まれています。このことを、コロナ禍という未曾有の危機がもたらした正の遺産として、この先の未来へとつながる一歩になるようにと思わずにはいられません。私たちはいま、ともすれば、他国で起きているようにコロナ禍が苛烈な人種差別の要因ともなりうるなかで、日本がどちらの未来を選ぶのか、その大きな分かれ道に立っているのではないでしょうか。本書で書き連ねた海外ルーツの子どもたちや外国人保護者らが置かれた現状と、いくつかの提言やアイデアが少しでもその選択のためのヒントになれば幸いです。

筆者の目の前には、いま、懸命に日本語を学ぶ子どもたちがいます。彼らを含むすべての日本の子どもたちが、いいバトンを受け取る日がくることを心から願っています。

［著者略歴］
田中宝紀（たなか・いき）
1979年、東京都生まれ
NPO法人青少年自立援助センター定住外国人支援事業部責任者
16歳で単身フィリピンのハイスクールに留学。フィリピンの子ども支援NGOを経て、2010年から現職。現在までに40カ国、1,000人を超える海外ルーツの子ども・若者の学習と就労を支援。日本語や文化の壁、いじめ、貧困など、子どもや若者が直面する課題を社会化するために、SNSやウェブメディア、講演会などを通して積極的に発信している

海外ルーツの子ども支援　言葉・文化・制度を超えて共生へ

発行――2021年5月25日　第1刷
定価――2000円＋税
著者――田中宝紀
発行者――矢野恵二
発行所――株式会社青弓社
〒162-0801 東京都新宿区山吹町337
電話 03-3268-0381（代）
http://www.seikyusha.co.jp
印刷所――三松堂
製本所――三松堂

ISBN978-4-7872-3488-9　C0036